Sagenreiseführer
Oberösterreich

Erich Weidinger · Michael Maritsch

Sagenreiseführer Oberösterreich

Ausflüge zu geheimnisvollen Plätzen

Inhalt

Vorwort 7

Sagenhaftes Mühlviertel 9
1. Auberg – Die teuflischen Steine der Großen Mühl 12
2. Berg – Eine Kapelle für den Teufel 14
3. Bad Leonfelden – Der geheilte Steinmetz 16
4. Freistadt – Die versteinerten Riesen im Thurytal 18

Donau-Dramen 21
5. Jochenstein – Im Strom versunken 25
6. Engelhartszell – Von Engeln und Klosterzellen 28
7. Schlögen – Die ermordeten Ritter 31
8. Aschach – Doktor Faustus an der Donau 34
9. Grein – Der schwarze Mönch von Werfenstein 36

Der umkämpfte Zentralraum 39
10. Wels – Von Pest und Geisterspuk 42
11. Linz–Hauptplatz – Das Losenteiner Turnier 45
12. Linz–Römerberg – Eine Jungfrau und ein kopfloser Mönch 50
13. Linz–Pöstlingberg – Das entwendete Gnadenbildnis 53
14. Leonding – Maria und der Teufel im Zaubertal 56
15. Enns – Die Riesin vom Stadtturm 60

Von Heiligen und Ministerialen im Inn- & Hausruckviertel 63
16. Eferding – Der Wilde Mann 67
17. Pupping – Wo der heilige Wolfgang starb 69
18. Hartkirchen – Liebesdrama auf Burg Schaunburg 71
19. Schärding – Der Teufel und die Alte Innbrücke 74
20. Pram – Der Müller und die Wilde Jagd 76
21. Friedburg – Ein Eifersuchtsdrama mit tödlichem Ausgang 78
22. Braunau – Eine Falltür, die es nicht gab 82

*Abb. Seite 2:
Stift Engelszell
Abb. oben: Der Atter-
see mit Bergpanorama*

23. Vöcklabruck – Der feste Griff der Madonna   85
24. Vöcklabruck – Vom Losenstehn   87
25. Regau – Kein Platz für eine Kirche   89
26. Ried im Innkreis – Ein Schuh als Banner   91

Im Salzkammergut, da kann man gut ... Sagen aufspüren   93

27. Attersee–St. Georgen – Das blutende Marienbild   97
28. Attersee – Der Attersee und seine Nixe   99
29. Oberwang und Mondsee – Spuren und Relikte von Abt Konrad   101
30. Der Mondsee – Die Drachenwand   105
31. Der Irrsee – Wie der See entstand   109
32. St. Wolfgang – Der heilige Wolfgang in Oberösterreich   113
33. Der Dachstein – Der Riese und der Krippenstein   117
34. Bad Ischl – Das Wappen und der Kreuzstein   122
35. Traunsee – Vom Riesen Erla und der Nixe vom Laudachsee   125
36. Grünau im Almtal – Geister am Almsee   129

Sagenhafte Fahrt durch das Traunviertel   131

37. St. Florian – Die Legende vom heiligen Florian   135
38. Stift Kremsmünster – Gunther   140
39. Steyr – Die streitbaren Brüder auf der Styraburg   142
40. Steyr – Christkindl ist ein Ort   146
41. Losenstein – „Los am Stein"   149
42. Micheldorf – Der Brudermord von Altpernstein   152
43. Molln – Eine Maultrommel gegen den Scheiterhaufen   156

Quellenverzeichnis   160
Ortsregister   166

Vorwort

Das vorliegende Buch beschreibt einen neuen Weg in der Sagenliteratur. Bisher gab es nur selten in Sagenbüchern Fotos und Abbildungen mit Darstellungen der Schauplätze, wie sie sich dem geneigten Leser heute darstellen. Es war uns deshalb ein Anliegen, einen Führer zu gestalten, mit dem man durchs Land fahren kann und die vielen Geschichten durch die Fotos erlebbar zu machen. Vieles lässt sich leichter nachvollziehen, wenn man Bilder dazu hat. Als Ergänzung haben wir alte Stiche eingefügt, die eine Vorstellung von Ortschaften und Städten in früheren Zeiten ermöglichen sollten.

Spannend war die Fahrt durch das abwechslungsreiche Oberösterreich. Die Sagenwelt kann so lange nicht verloren gehen, so lange man bereit ist, sich dafür zu öffnen und wach um sich zu blicken. So lassen sich jahrhundertealte Steine ebenso finden wie zeitgenössische Kunstwerke. Da wir vor Ort recherchiert haben, sind wir an Plätze gekommen, die wir sonst nie aufgesucht hätten, haben Neues kennengelernt und sind mit Menschen in Kontakt getreten, die wir nie getroffen hätten. Dadurch durften wir viele interessante Erlebnisse in unsere Erinnerungen aufnehmen, was uns einmal laut auflachen, das andere Mal ehrfürchtig verstummen ließ.

Vielfältig war auch die Arbeit des Fotografen, der von Nah- bis Weitwinkelaufnahmen sein eigenes und das digitale Auge der jeweiligen Situation anpassen musste.

Abendstimmung am Mondsee

Linke Seite: Ruine Werfenstein

Die Autoren beim Recherchieren am Krippenstein/Dachstein

Rechte Seite: Maria-Trost-Kapelle bei Rohrbach

Eigentlich haben wir diese Arbeit nur unterbrochen, denn hätten wir unserer Sammlerleidenschaft ganz nachgegeben, müsste unser Sagenreiseführer um ein Vielfaches dicker sein. Aber selbst dann hätten wir noch immer nicht alles erfasst. So liegt hier eine kleine Auswahl an spannenden, interessanten, lustigen, tragischen, seltsamen, eindrucksvollen und geheimnisvollen Geschichten vor, die wir mit Liebe und Herz verfasst und bebildert haben.

Wir möchten Sie nun dazu verführen, sich auf den Weg zu machen. Lassen Sie sich Zeit, um die Orte und ihre Geschichten zu erkunden und im wahrsten Sinn des Wortes zu erfahren. Wir wünschen Ihnen mit den Geschichten viele anregende Erlebnisse auf den Sagenreisen durch Oberösterreich.

*Erich Weidinger
und Michael Maritsch*

Sagenhaftes Mühlviertel

Pfarrkirche in Haslach

Allein das Mühlviertel könnte dieses Buch mit Sagen und wunderbaren Naturschauplätzen füllen, war doch der Teufel nördlich der Donau offenbar viel beschäftigt. Denn die Volksfrömmigkeit sucht keine geologischen Antworten darauf, wie die wollsackverwitterten Felsen entstanden sein mögen. Vielmehr wird eine ganze Menge dieser Besonderheit der Natur mit dem Wirken des Höllenfürsten in Verbindung gebracht. Wir starten nun unsere kleine Reise von Linz Richtung Böhmerwald und kommen über Freistadt wieder zum Ausgangspunkt zurück. Die erste Station führt uns zur **Teufelsmühle** in Auberg an der Großen Mühl (von Linz aus in ca. 50 Minuten mit dem Auto erreichbar; 42 km). Man fährt über Walding Richtung Rohrbach. Nach St. Martin im Mühlkreis biegt man rechts ab und kommt nach St. Peter am Wimberg, wo der Teufel mit der Wilden Jagd schon früher unterwegs war. Kurz vor dieser Gemeinde biegt man links in die Iglbachstraße ein, fährt ca. 6 km bis zur Teufelmühle (links). Bei Schönwetter empfehlen wir unbedingt, die Floßfahrt zu machen.

Weiter geht es nördlich auf Rohrbach zu. Bereits nach weiteren 6 km kann man das Auto in der Nähe des nächsten Teufels-Schauplatzes parken. Die Kirche **Maria Trost** erreicht man am besten über den Mitterweg und die Berggasse, für die man kurz vor dem Zentrum rechts hinausfährt. Zur Orientierung ist der kleine Hügel schon von weitem zu sehen.

Klaffer am Hochficht liegt 20 km weiter nördlich. Hier suchten wir einen **Sagenwanderweg,** den wir auch fanden. Es ist wohl nicht

Kräutergarten in Klaffer

mehr zeitgerecht, einen bedruckten A4-Zettel einzuschweißen und auf Holztafeln anzubringen. Spätestens bei der dritten Tafel mag man den Text nicht mehr lesen. Die Zeit ist sinnvoller verbracht im großen Kräutergarten in Klaffer, gleich hinter der Kirche. Und bei heißem Wetter ist das Ziel des Sagenwanderweges auch interessanter: ein kleiner Badesee mit einem angeschlossenen Campingplatz. Zurück nach Rohrbach.

Nach der Besichtigung von Maria Trost geht es ungefähr 32 km über Haslach nach Bad Leonfelden. Es zahlt sich aus, einen kurzen Abstecher zur Kirche und zum Stadtplatz in Haslach zu machen, wo die kleine Crêperie im Rathauskeller eine kulinarische Überraschung bietet.

In Bad Leonfelden befindet sich die **Kirche mit dem Heilbründl** in der Kurhausstraße kurz oberhalb des neuen Kurhauses. Wer nicht vom Zentrum in ein paar Minuten hinuntergehen will, kann auch bei der Kirche parken.

Die letzte Station im Mühlviertel führt uns ins unberührte **Thurytal** nördlich von Freistadt. Bis man den versteckten Parkplatz erreicht, sind 22 km zurückzulegen, allerdings begegnet man zum Schluss doch wieder dem Teufel.

1 Auberg
Die teuflischen Steine der Großen Mühl

INFOS & TIPPS

ANFAHRT
Fährt man von Neufelden nach Norden Richtung Haslach immer der Mühl entlang, so gelangt man in der Gemeinde Auberg zum „s'Wirtshaus Teufelmühle" mit einer Brücke über den Fluss – von Menschen gebaut.

INFORMATION
„s'Wirtshaus Teufelmühle", 4170 Auberg 15, www.teufelmuehle.at, +43 (0) 7289/71912, Öffnungszeiten:
1. November–31. März:
Mi, Do, Fr ab 15 Uhr,
Sa u. So ab 10 Uhr,
1. April–31. Oktober:
Mo und Di Ruhetag.
Floßfahrten müssen vorher angemeldet werden!

Floßfahrt auf der Mühl

In Auberg bei Haslach liegt an der Großen Mühl an der Stelle einer ehemaligen Mühle s'Wirtshaus Teufelmühle. Als es noch keine Brücke über das Wasser gab, mussten der Müller und seine Frau ins Boot steigen, um das gegenüberliegende Ufer zu erreichen. Die Überfahrt war gefährlich, lagen doch im Fluss große Steine, die das Wasser unruhig werden ließen, und häufiger, als es ihnen lieb war, fielen die Müllersleute in das wilde Wasser. Einmal, die Müllerin war wieder einmal in den Fluss gefallen, rief sie zornig aus, dass sie sich sofort eine Brücke wünsche, und wenn sie der Teufel selbst baute. Sogleich war der Höllenfürst zur Stelle und versprach der Frau, die Brücke über Nacht zu bauen. Sollte er bis zum ersten Hahnenschrei fertig sein, so würde die Seele der Müllerin nach deren Tod ihm gehören. Der Pakt wurde geschlossen, und sofort begann der Teufel mit der Arbeit. In der Nacht kamen der Müllersfrau allerdings Bedenken. Sie überlegte, wie sie den Teufel austricksen könnte, und da kam ihr eine Idee. Sie lief in den Hühnerstall, wo über den Hennen drei Hähne saßen. Sie hatten drei verschiedene Farben: Weiß, Rot und Schwarz. Sie nahm einen Stock und stieß den weißen Hahn damit an. Dieser erwachte und krähte laut auf. Draußen schrie der Teufel bei seiner Arbeit: „Weißer Hahn, geht mich nichts an!" Nichts geschah. So weckte die Frau den roten Hahn, der ebenfalls deutlich zu hören war. Wieder war die Stimme des Teufels zu hören: „Roter Hahn, toter Hahn." Der rote Hahn fiel einfach tot von der Stange. Nun war die Mül-

Die Teufelmühle in Haslach

lerin verzweifelt und warf den Stock zum schwarzen Hahn. Erschrocken flog dieser auf und gab dreimal ein schönes „Kikeriki" von sich. Da wurde der Teufel zornig und schrie: „Schwarzer Hahn, jetzt bin ich dran!" Er hob einen riesigen Stein auf, schleuderte ihn auf die fast fertige Brücke und verschwand. So war die Müllerin gerettet. Eine Brücke wurde allerdings erst viel später über die Große Mühl gebaut. Ein kleiner Teil des Teufelssteines ist heute noch zu sehen. Auf diesem Stein saß Jahre später der Teufel – als Jäger verkleidet – und lauerte Mensch und Tier auf. Das Müllerehepaar betete oft und lange, um den Teufel zu verjagen, was irgendwann auch wirklich gelang.

DER SCHAUPLATZ: Neben einem Camping- und Kinderspielplatz gibt es vor allem im Sommer zahlreiche Freizeitangebote im Freien. So kann man mit einem großen Floß oder auch mit einem Kajak zu jener Stelle fahren, an der der Teufel die Brücke bauen wollte. Bei geringem Wasserstand sind sogar die restlichen Steine der Teufelbrücke im Wasser zu sehen. Und irgendwo ist ein Hahn zu entdecken. Der große Teufelstein wurde leider vor längerer Zeit beim Straßenbau gesprengt. Ob das der Teufel schon gesehen hat?

2 | Berg
Eine Kapelle für den Teufel

INFOS & TIPPS

ANFAHRT
Die Straße zur Kirche führt von der Gemeinde Berg bei Rohrbach, das an der B127 liegt, über den Höhenweg oder die Berggasse hinauf.

TOURISTENINFO
Großes Lob an die Museumsinitiative Rohrbach, die dem interessierten Besucher auf einigen Tafeln viel Wissenswertes und auch die Sagen näherbringt.
Tourismusbüro,
Stadtplatz 1–2,
4150 Rohrbach,
+43 (0) 7289/81 88

ANSPRECHPERSON
Ulrike Berger, berger@boehmerwald.at,
www.rohrbach.at

ÖFFNUNGSZEITEN
Mai–Oktober: Mo–Sa
09.00–12.00 Uhr, Di–Fr
15.00–17.00 Uhr;
November–April: Mo–Fr
09.00–12.00 Uhr

Über den Gemeinden Berg und Rohrbach im Mühlviertel sieht man von weitem die anstelle der ehemaligen Burg errichtete barocke Wallfahrtskirche Maria Trost. Die Burg wurde 1626 in den Bauernkriegen zerstört, doch im Dreißigjährigen Krieg blieb der Ort von den Schweden verschont. Der Burgbesitzer Graf Theodorich von Rödern, der um sein Leben und seinen Besitz fürchtete, legte ein Gelübde ab, auf dem Hügel eine Kirche zu stiften, wenn die Gegend vom Kriege verschont blieb. So geschah es auch. Die Kirche wurde mit zwei Türmen errichtet und 1655 eingeweiht. Niemand hatte sich während des Baues um den Namen der Kirche gekümmert, deshalb bat man die Gläubigen um Namensvorschläge. Die Zettelchen wurden in einem Kelch gesammelt und die dreimalige Ziehung ergab jedes Mal „Maria Trost".

Die letzte Kapelle auf dem Weg zur Kirche, die Teufelskapelle, wurde 1785 errichtet. Zu dieser Namensgebung kam es so: Ein Mädchen wollte von Berg nach Rohrbach auf ein Fest gehen. Sie tanzte für ihr Leben gern. Die Mutter verbot es ihr: Sie sei zu jung und würde ohnehin keinen Tänzer finden. Das Mädchen wurde zornig und schrie, dass sie auf jeden Fall auf dieses Fest ginge. Und wenn sie mit dem Teufel tanzen müsste. Und schon war sie weg. In Rohrbach war das Fest bereits im Gange und sogleich hatte das Mädchen einen Tänzer, der nicht mehr von ihr ließ. Plötzlich entdeckten die Rohrbacher, dass der Tänzer einen Pferdefuß hatte. Erschrocken lief das Mädchen davon. Der Teufel

lief ihr nach. Sie hatte nach ihm gerufen. Aus diesem Grund hatte er mit ihr getanzt und jetzt wollte er ihre Seele als Belohnung. Das Mädchen lief den Berg zur Maria-Trost-Kirche hinauf. Da sah sie an der linken Seite einen hellen Schein aus einer kleinen Kapelle. Schnell verschwand sie darin und schloss das Gitter. Fast hätte sie der Teufel eingeholt, doch geweihten Boden konnte er nicht betreten. So sprang er vor der Kapelle zornig umher, bis er endlich verschwand. Zurück blieben ein schlimmer Gestank und die Abdrücke von seinen Tierfüßen.

Kirche Maria Trost mit Mesnerhaus

DER SCHAUPLATZ: Am Weg zur Kirche gibt es mehrere Bildstöcke und Kapellen. Am Fuße der letzten Steigung steht links die Teufelskapelle mit Marienstatue. Die Sage ist auf einer Tafel nachzulesen.
Neben der Kirche Maria Trost steht das Mesnerhaus, das auf den alten Mauerresten der Burg gebaut wurde. Die Kirche selbst verlor den zweiten Turm und wurde im Laufe der Zeit mehrmals renoviert und umgebaut. Heute gehört die Kirche zu Stift Schlägl und ist ein bekannter Wallfahrtsort. Am Hauptaltar steht eine 1,7 Meter hohe Marienstatue mit Kind. Zu bestimmten Festzeiten wird das Kleid dieser Figur gewechselt.

Teufelskapelle

3 | Bad Leonfelden
Der geheilte Steinmetz

INFOS & TIPPS

ANFAHRT
Bad Leonfelden liegt ca. 30 km nördlich von Linz an der B126. Die Bründlkirche ist nicht jene im Zentrum, sondern sie liegt am Hang, wenn man von der Ringstraße im Ort die Kurhausstraße hinunterwandert. Es sind auch einige Parkplätze vorhanden. Die Kirche ist untertags geöffnet und jeder darf sich von der Quelle durch einen Wasserhahn etwas von dem heilenden Nass mitnehmen.

INFORMATIONEN
Wallfahrtskirche Maria Schutz beim Bründl, Pfarramt Bad Leonfelden Kurhausstraße 9, 4190 Bad Leonfelden

ANSPRECHPERSON
Pfarrer P. Michael Wolfmair, +43 (0) 7213/6230, gemeinde@badleonfelden.at, www.badleonfelden.ooe.gv.at

In *Bad Leonfelden lebte im 17. Jahrhundert ein Zimmermann, der eines Tages sehr krank wurde und nicht mehr arbeiten konnte. Dadurch waren ihm und seiner frommen Frau die Lebensgrundlagen entzogen, und sie verarmten immer mehr. Sie mussten um ihr Hab und Gut fürchten, das sie sich im Lauf der Jahre hart erarbeitet hatten. Die Frau betete täglich zur Muttergottes um Hilfe aus ihrer Not. Eines Tages entdeckte die Frau eine Wasserquelle an einem Hang. Schnell ging sie nach Hause, holte einen Krug und füllte ihn an jener Stelle. Sie brachte das frische Wasser ihrem kranken Ehemann zum Trinken. Diesem schmeckte es so gut, dass er seine Frau bat, am nächsten Tag nochmals das Wasser aus der gleichen Quelle zu holen. So ging es etliche Tage dahin, und der Zimmermann wurde bald wieder gesund, was er und seine Frau der Heilquelle zuschrieben. Zum Dank seiner Heilung ließ er im Jahr 1686 vom Steinmetz eine steinerne Kreuzsäule herstellen und an der Quelle aufstellen. Die wundersame Heilung sprach sich schnell*

Wallfahrtskirche Maria Schütz; Rückseite des Altars mit Votivbildern und Kreuzsäule; das Bründl (v l. n. r.)

herum, und bald pilgerten Menschen von nah und fern zur Quelle, die heute noch sprudelt. Eine kleine Kirche und ein Badehaus wurden aufgestellt, damit die Heilsuchenden im Wasser auch baden konnten. Viele Menschen fanden durch diese Quelle Heilung und Linderung von ihren Krankheiten und Gebrechen.

DER SCHAUPLATZ: 1691 wurde eine Kapelle zu Unserer Lieben Frau beim Bründl gebaut, die 100 Jahre später zur heutigen Wallfahrtskirche Maria Schutz beim Bründl erweitert wurde. Seit Ende des 19. Jahrhunderts ist die Quelle eingefasst, und heute noch lädt ein schlichter Steinbrunnen die Menschen hinter dem Hochaltar zur Labung ein. Die Kirche lädt nicht nur zum Verweilen ein, sondern der Besucher wird auch an die Geschichten erinnert, auf die die vielen Dinge direkt hinter dem Altar hinweisen. So ist neben der Heilquelle die originale alte Steinkreuzsäule mit Bildern von Schutzheiligen zu sehen. An der Rückseite des Altars und der Wand gegenüber sind viele Votivbilder und Dankesbezeugungen angebracht. Dazwischen kann man auch eine Krücke entdecken, die jemand hier angebracht hatte, der sie durch die Hilfe des Wassers nicht mehr benötigte. In der Mitte ist eine goldene Marienfigur aus Metall zu sehen – die Turmspitze der ersten Bründlkapelle.

4 Freistadt
Die versteinerten Riesen im Thurytal

INFOS & TIPPS

ANFAHRT
Von Freistadt Richtung Norden auf der B310 bis Rainbach im Mühlkreis, dann links auf die L1482 Richtung Windhaag, dann links abbiegen auf Stadln. Direkt unter der neu gebauten Autobahnbrücke geht es links hinein. Es gibt nur wenige Parkplätze für die Besucher.

INFORMATION
Touristik Mühlviertler Kernland, Waaggasse 6
4240 Freistadt,
+43(0)7942/75700,
kernland@oberoesterreich.at,
www.muehlviertlerkernland.at

Rechte Seite: Reste der Teufelsbrücke in der Feldaist

Es gab eine Zeit, in der im Mühlviertel neben den Menschen auch Riesen lebten. So auch rund um das heutige Freistadt, wo die Giganten eine Burg errichten wollten. Dazu brauchten sie eine große Menge Baumaterial, also Steine und Felsen, die sie entlang der Feldaist, einem kleinen Fluss etwas weiter nördlich ihres Bauplatzes, fanden. An einer Stelle entdeckten sie alle paar Tage einen Steinhaufen, als ob ihn jemand für sie vorbereitet hätte. Dieser Jemand war der Teufel. Er arbeitete daran, einen großen Damm durch die Aist zu bauen, war es doch seine Absicht, die Bewohner, die entlang des Flusses ihre Häuser errichteten, zu ertränken, denn sie hatten ihn um zwei Seelen geprellt. Verärgert musste der Teufel feststellen, dass ihm immer wieder viele Steine fehlten, die er mühsam an der geplanten Dammstelle aufgetürmt hatte. Da wurde es ihm zu bunt, und er legte sich auf die Lauer, um den Steindieb zu entlarven. Am dritten Tag wurde er von zwei Riesen aufgeschreckt, die sich von seinen Steinen nahmen. Neugierig folgte der Teufel den großen Gestalten und staunte nicht schlecht, als er die bereits halb fertige Burg sah. In der Nacht zerstörte der Höllenfürst die Anlage und warf die Steine zurück in die Aist. Wütend vernichteten daraufhin die beiden den bereits begonnenen Damm des Teufels. Nun entstand ein heftiger Streit. Da der Teufel selten kämpft, verzauberte er einfach einen seiner Gegner in einen Felsen, worauf der zweite vor Angst davonlief. Doch das Ergebnis war nun folgenschwer: Weder die Burg

Der Teufel unter dem versteinerten Riesen

Rechte Seite: Die Schlögener Schlinge, vom „Schlögener Blick" aus gesehen

Kolosse noch der Damm des Teufels wurden je fertiggestellt.
Eine zweite Sage berichtet vom Argwohn des Teufels, die Stadtgründung von Freistadt betreffend. Es war keineswegs in des Luzifers Sinn, eine größere menschliche Siedlung zu befürworten, denn meistens wurden dort Kirchen gebaut, die ihm ein Dorn im Auge waren. So sammelte er viele Felsbrocken in einem gewaltig großen Tuch zusammen, um die Stadt mit einem Steinregen zu zerstören. Doch während er über die Feldaist flog, zerriss das Tuch, und die Steine fielen in den Fluss, wo sie heute noch liegen.

DER SCHAUPLATZ: Bis zum Teufelsfelsen geht man ca. 30 Minuten. Die Strecke ist auch für Kinderwägen geeignet. Den Fluss entlang sieht man wirklich unzählige Steine und Felsbrocken im Wasser liegen und manche Stellen eignen sich auch für kurze Wasserspiele. Man kommt an einer historischen Hammerschmiede vorbei, deren es hier früher mehrere gab und die der Schmied Josef Thury erbaut hatte. Deshalb auch der Name des Tales. Gruppen können sich für die Schauschmiede anmelden. Am Wanderweg sind mehrere Tafeln angebracht, die vieles über diese Gegend erzählen. Den verzauberten Riesen, den „Teufelsfelsen", kann man nicht übersehen. Direkt darunter sitzt ein Teufel aus Metall und hält einen großen Stein in seinen Händen. Und wer genau schaut, kann kurz davor in der Feldaist die Reste des Dammbaues entdecken.

Donau-Dramen

Stift Engelszell

Die Schlögener Schlinge, vom Ufer aus gesehen

Egal ob Inn-, Mühl-, Hausruck- oder Traunviertel: Jede der vier Regionen hat einen Anteil an der Donau. So schön eine Schifffahrt auf diesem Gewässer ist, so wunderbar ist es auch, den Strom zu Fuß oder mit dem Rad zu erkunden. Und sagenhaft ist der Donausteig allemal. Geschichten entlang der Donau berichten über die zahlreichen Kirchen und Burgen, Hügel und Wälder – und sogar aus dem Wasser selbst sind uns einige Sagengestalten bekannt. Die Tourismusregion und Werbegemeinschaft Donau Oberösterreich haben in Zusammenarbeit mit dem bekannten Märchenerzähler Helmut Wittmann den **„Sagenhaften Donausteig"** erarbeitet. Viele Wanderwege und Routen führen von Passau bis Grein durch 47 Gemeinden. An über 100 verschiedenen Plätzen werden anhand von informativen, professionell gemachten Tafeln diverse Sagen und Geschichten in Bild und Text dargestellt. Ein großartiges, in diesem Um-

St. Nikola an der Donau

fang fast einzigartiges Projekt, das nachahmenswert ist. www.donausteig.com
Wir beginnen unsere Donaureise an der Landesgrenze zu Deutschland und gelangen bis an die Grenze zu Niederösterreich. Für das **Kraftwerk Jochenstein,** wo unsere Reise beginnt (von Linz 50 km stromaufwärts entfernt), sollte man sich etwas mehr Zeit nehmen, da allein das Zuschauen an den Schiffsschleusen etwas länger dauert.
Das **Stift Engelszell** in Engelhartszell liegt gerade einmal wenige Kilometer südlich des Kraftwerks. Was neben dem Sagenschauplatz in diesem Umkreis vor allem für

Märchenerzähler Helmut Wittmann am „Schlögener Blick"

Kinder noch zu entdecken ist, findet man unter www.donaugigant.com.

Wir kommen 15 km stromabwärts zur wohl bekanntesten Stelle an der oberösterreichischen Donau, der **Schlögener Schlinge.** Sie werden den unterirdischen Gang umsonst suchen. Der Weg über die Donau ist nur in einem Boot oder schwimmend zu bewältigen. Und bei dieser Strömung ist nur Ersteres empfehlenswert, denn man kann nie wissen, ob man nicht vom Donaufürst auf einen Besuch unter Wasser eingeladen wird. Wer nicht übers Wasser will, kann auf einem Spaziergang dem Donauradweg folgen – egal wohin, es ist hier überall erholsam, und man kann sich an der Natur nicht sattsehen.

Wir verlassen für ein paar Minuten die Donau und erreichen nach weiteren 15 km Aschach an der Donau, einen Ort, an dem sich der Teufel gern aufhielt. Über der Donau erblickt man links von der Brücke das bekannte **Faustschlössl,** in dem sich auch ein Kaffee oder eine Limonade genießen lassen, ohne etwas essen zu müssen.

Nun geht die Fahrt nach Linz, dessen sagenhafte Plätze im nächsten Kapitel vorgestellt werden. Wir fahren also weiter nach Grein, beziehungsweise nach St. Nikola an der Donau, ca. 58 km stromabwärts. Die **Burg Werfenstein** selbst kann man leider nicht besichtigen, doch die Natur bietet auch hier genügend Abwechslung. Dafür sollten sich Museumsfreunde das **Schifffahrtsmuseum** auf der Burg in Grein ansehen. Geöffnet in den Monaten von Mai bis Oktober (www.schloss-greinburg.at).

Jochenstein
Im Strom versunken

5

An der Stelle, an der sich heute die Staustufe und das Donaukraftwerk Jochenstein befinden, stand einst ein hoher Felsen im Strom. Um ihn ranken sich so manche Sagen und Legenden.
Hier eine kleine Auswahl:
Einst wollte der Teufel, um Passau aus Rache zu überfluten, eine Staumauer durch die Donau errichten. Aus großem Umkreis hatte er viele Felsen herbeigebracht und diese ins Wasser geworfen. Die Staumauer war schon beinahe fertig, da kam ein Boot die Donau herunter. Ein Bauer mit seinem Hahn war, wie so oft, zu jener Stelle im Strom gekommen, die normalerweise problemlos zu passieren war, doch dieses Mal stieß das Boot des Bauern plötzlich an einen Felsen. Der Hahn erschrak in seinem Korb so sehr, dass er dreimal laut krähte. Da jedes Teufelswerk fertiggestellt sein muss, bevor der Hahn dreimal gekräht hat, brach die Felsmauer ein, und das Wasser konnte ungehindert weiterfließen. Der Teufel verschwand unverrichteter Dinge in einer Schwefelwolke, und nur ein größerer Felsen blieb bis heute im Wasser stehen. Da dieser Stein zu schwer war, um ihn fortzubewegen, nannte man den Stein „Jochenstein".
Eine zweite Geschichte berichtet, dass sich der Teufel in das Stift Engelszell schlich, um dort Mönche für sich zu gewinnen. Da wurde er vom Abt des Stiftes entdeckt und in die Flucht geschlagen. Der Höllenfürst sprang in die Donau und verursachte dadurch so große Wellen, dass stromaufwärts ein großer Steinbrocken aus

INFOS & TIPPS

ANFAHRT
Von Engelhartszell ca. 3 km die Nibelungenstraße Richtung Nordwesten. Die Donau bildet hier die Grenze zu Deutschland.

INFORMATIONEN
Auf deutscher Seite steht „das Haus am Strom", einer Wasserwelle nachempfunden. Es beherbergt ein kleines Restaurant sowie ein naturkundliches Museum und ist deshalb ein beliebtes Ausflugsziel für Familien mit Kindern. Hier kann man auch Führungen durch das Kraftwerk und das Museum buchen. Dauer ca. 90 Minuten, Ganzjahresbetrieb.

Haus am Strom,
Am Kraftwerk 4,
D-94107 Untergriesbach
+49 (0) 8591/912890,
info@hausamstrom.de,
www.hausamstrom.de

Staustufe und Wasserkraftwerk Jochenstein

einer Felswand brach und ins Wasser fiel. So entstand der Jochenstein.

Die Nixe „Isa" lebte unter dem Jochenstein in einem Wasserschloss. Sie saß gern auf dem Felsen und sang den vorbeikommenden Schiffen ihre Lieder vor. Dadurch wussten die Schiffer im Nebel, wo das gefährliche Hindernis stand, und konnten ihm ausweichen. Doch in Vollmondnächten verzauberte der Gesang Isas so manchen Steuermann, weshalb es immer wieder vorkam, dass Boote am Jochenstein zerschellten und sanken.

Einmal konnte sich ein Schiffer gerade noch

Der Jochenstein

auf den Jochenstein retten, bevor sein Boot unterging. Des Kapitäns Mutter, eine fromme Frau, spendete aus Dankbarkeit eine Marienstatue und ließ sie auf dem Felsen aufstellen, wo sie heute noch zu sehen ist. Die Nixe wurde seither nie mehr gesehen, und ihr Gesang war verstummt.

DER SCHAUPLATZ: Das heutige Donaukraftwerk wurde zwischen 1952 und 1956 errichtet. 1954 beschädigte ein Jahrhunderthochwasser die unfertige Staustufe, aber zum Glück kostete es kein Menschenleben. Ein letztes Aufbäumen der Nixenmacht? Oder wollte der Teufel verhindern, dass Menschen etwas schufen, was ihm nie gelungen war? Der Jochenstein wurde in die Anlage integriert und kann nur vom Ufer aus gesehen werden. Am besten von der Innviertler Seite her, indem man den Weg an der Donau entlanggeht. Im ersten Gebäude der Anlage ist ein Informationszentrum eingerichtet, an dem der Zahn der Zeit genagt hat. Auch wenn der Eintritt frei ist, wäre eine Modernisierung dringend nötig.
Die Staumauer ist für Besucher tagsüber geöffnet, und man kann über die Donau nach Deutschland spazieren. Wer etwas Zeit hat, kann dabei zusehen, wie die Schiffe durch die Staustufe geschleust werden.

TIPP
Der englische Holzbildhauer Edd Harrison modellierte vier Nixenskulpturen, die von Passau bis Jochenstein aufgestellt wurden. Eine davon findet man am bundesdeutschen Ufer der Donau, am Ende des Donaukraftwerkes, wenn man vom „Haus am Strom" die Donau abwärts marschiert.

6 Engelhartszell
Von Engeln und Klosterzellen

INFOS & TIPPS

ANFAHRT
Engelhartszell liegt an der B130, ca. 60 km nordwestlich von Linz. Zum Stift zweigt die Stiftsstraße nach ca. 800 m südlich des Marktplatzes von der Nibelungenstraße nach rechts ab.

INFORMATIONEN
Stift Engelszell, Stiftstraße 6, 4090 Engelhartszell an der Donau, +43 (0) 7717/8010, pforte@stift-engelszell.at, www.stift-engelszell.at

Direkt neben dem Stift, auf der ehemals „sandigen" Klosterwiese, befinden sich der Sinnesgarten und die Ausstellungsfläche „Wassererlebnis Mini Donau". Für einen geringen Eintritt gibt es dort von Mai bis September nicht nur für Kinder viel zu entdecken.

Das Kloster Engelszell, eingebettet im Donautal, wurde Ende des 12. Jahrhunderts gegründet. Wie die meisten Ordenshäuser hatte auch dieses eine wechselvolle Geschichte zwischen Aufstieg und Verfall. Im Jahre 1747 wurde Leopold Reichl zum neuen Abt bestellt und sieben Jahre später legte er den Grundstein für den heutigen Kirchenbau. Während der Errichtung des Gotteshauses geschahen wundersamen Ereignisse:

Aufgrund der Enge des Donautales war es nicht leicht, an Baumaterial zu gelangen. Der erkaufte Vorrat an Sand war bald zu Ende, und man fürchtete, nicht mehr weiterbauen zu können. Der damalige Verwalter des Klosters stocherte auf der Wiese in einem Maulwurfshügel herum. Da fiel ihm die sandige Erde auf. Der herbeigerufene Baumeister war sehr erfreut über die gute Beschaffenheit des Sandes. Der Bau konnte fortgesetzt werden und die Klosterwiese wurde abgetragen.

Im kalten Winter fror die Donau auf der Höhe des Stiftes zu, was davor noch nie ge-

Stift Engelszell

schehen war. Eine dicke Eisdecke bot den Fuhrwerken genügend Sicherheit, um große Steinbrocken vom anderen Ufer herüberzubringen. Einmal brach an dem Steinbruch über der Donau ein riesiger Felsen ab. Wie durch ein Wunder blieben Mensch und Tier verschont. Viele Wochen hielt die Eisbrücke, und erst an den letzten wärmeren Wintertagen brach ein Pferd durch das Eis. Jeder glaubte schon, das Tier unter der durchsichtigen Brücke verschwinden zu sehen, als es

Stift Engelszell mit Reliquienschreinen

TIPP

Im Stift gibt es ganzjährig nach Voranmeldung Führungen für Gruppen ab 10 Personen. Im hauseigenen Shop werden neben diversen selbst gemachten Produkten auch Liköre angeboten. Darunter der „Engelszeller Magenbitter", nach einem alten Geheimrezept eines Schweizer Apothekers. Besonders zu beachten ist die klostereigene Brauerei, in der zwei Starkbiere hergestellt werden: Das Gregorius Bier, benannt nach dem ersten Trappistenabt in Engelszell, unter dem auch bereits 1931 eine Brauerei betrieben wurde, und das Benno Bier. Auch sie werden im Klostershop angeboten. Übrigens: Wenn Sie den Shop betreten, so ist es nicht Ihr Vordermann, der stinkt, sondern der Trappistenkäse, der in der Käserei in Schlierbach für das Stift Engelszell hergestellt wird.

plötzlich aus eigener Kraft aus dem kalten Wasser herauskam.

Unter der alten Kirche gab es eine Gruft, die man weiter erhalten wollte. Ein Kutscher fuhr mit seinem Gespann darüber und brach damit durch den Boden. Niemand wurde dabei verletzt. Zwei Maurer, die auf einem Gerüst arbeiteten, fielen in die Tiefe und landeten weich auf einem großen Sandhaufen.

Diese und manch andere Begebenheiten ereigneten sich in den Jahren 1754 bis zur Fertigstellung 1764. Berichten können wir nur deshalb davon, da ein Pater aus Kremsmünster auf dem Weg nach Passau hier haltmachte. Der Abt erzählte ihm von dem wundersamen Kirchenbau. Pater Laurenz Doberschiz schrieb die Ereignisse nieder – einer der wenigen, die des Schreibens und Lesens mächtig waren.

DER SCHAUPLATZ: Über 500 Jahre war der Zisterzienserorden mit der Führung des Klosters betraut. Ungefähr 140 Jahre war Engelszell kein Stift und wurde mehrmals verkauft und sogar verschenkt. Erst ab 1925 übernahm ein Zweig der Zisterzienser das Kloster: die Trappisten. Damit ist Stift Engelszell heute das einzige Trappistenkloster Österreichs.

Die Stiftskirche ist frei zugänglich. Hier ist noch zu vermerken, dass in vier Reliquienschreinen die geschmückten Gebeine von Katakombenheiligen ausgestellt sind. Im 16. und 17. Jahrhundert wurden die Reliquien vieler Gotteshäuser gestohlen oder zerstört. Der heilige Stuhl ließ deshalb die Katakomben in Rom öffnen, und tausende Gebeine wurden unter bischöflicher Aufsicht hauptsächlich in Regionen nördlich der Alpen gesandt, wo sie unter Namen von Heiligen und Seligen verziert, bekleidet, ausgestellt und verehrt wurden. Heutzutage wäre zu überdenken, ob diese makabre Zurschaustellung von Toten noch zeitgerecht ist.

Schlögen
Die ermordeten Ritter

7

Im oberen Donautal, etwa auf halbem Weg zwischen Passau und Linz, wendet die Donau im Gebiet der Gemeinden Haibach und Hofkirchen in einer engen Kehre um 180 Grad von südöstlicher auf nordwestliche Laufrichtung und anschließend wieder zurück Richtung Osten. Das Durchbruchstal des Stromes, die sogenannte Schlögener Schlinge, ist ein im wahrsten Sinn sagenhafter Ort. Eine der Sagen rund um das seltsame Naturwunder bezieht sich auf die Geschichte der Burg Haichenbach, die auf einem Bergkamm, hoch über der Schlögener Schlinge, noch heute als Ruine zu sehen ist. Da sich die Burg in unmittelbarer Nachbarschaft zum Gut eines gewissen Kerschbaum befand, wird sie auch das Kerschbaumerschlössl genannt:

Auf Burg Haichenbach hauste einst ein Raubritter, der durch die gute Lage seines Anwesens den Schiffsverkehr an der Donau genau beobachten konnte. Er ließ schwere Eisenketten über den Strom spannen, und zwang auf diese Weise alle Schiffe zum Anhalten. Seine überhöhten Mautforderungen waren meist die Ursache unsäglicher Streitereien, die nicht nur einmal darin mündeten, dass die Schiffer vom Burgherrn ausgeraubt wurden. Auch auf dem Landweg war schließlich niemand vor den Überfällen und Bedrohungen des Raubritters und seiner Mannen sicher. Gegenüber der Burg Haichenbach stand – ebenfalls auf einer Anhöhe – die Burg Schlögen, die einem ebenso agierenden Raubritter gehörte und die lange Zeit nicht eingenommen werden konnte. Es geschah in einem

INFOS & TIPPS

ANFAHRT
Das Kerschbaumerschlössl liegt im Gemeindegebiet Hofkirchen im Mühlkreis. Der kürzeste Weg mit dem Auto auf dieser Seite der Donau ist, von der B127 bei Neufelden Richtung Westen über Lembach und Niederkappel abzufahren. Kurz nach der Ortschaft Dorf gibt es am Waldrand einen Parkplatz und von dort kann man in ca. 20 bis 30 Minuten die Ruine erreichen. Der Weg ist Teil des Donausteiges und mit einigen anderen Wanderwegen verknüpft.

INFORMATIONEN
Marktgemeinde Hofkirchen, Markt 4, +43 (0) 7285/7011, gemeindeamt@hofkirchen.at, www.hofkirchen.at

Blick vom Kerschbaumerschlössl auf die Donau

eiskalten Winter, als die Donau in der Schlinge zugefroren war, da drangen in einer Nacht die Männer des Kerschbaumerschlössls über das Eis, drangen in die Burg ein und erschlugen alle Ritter der Burg Schlögen. Nun war der Haichenbacher wieder alleiniger Herrscher über die Donauschlinge, weshalb er zu unermesslichem Reichtum kam. Doch der Burgherr wurde immer grausamer. Eines Tages tötete er einen Priester, als dieser einem verletzten Gefangenen die Wunden verband. Der Tote wurde auf dem Weg zur Brödlspitze unter einem Felsen eingegraben.

Der brutale Haichenbacher wandte auch so manche List an, um der Rache seiner Feinde zu entgehen. So ließ er seinem Pferd die Hufeisen verkehrt herum aufschlagen, um seine Verfolger glauben zu machen, dass er in die andere Richtung unterwegs sei. Eines Tages trieb der Burgherr es aber doch zu arg und stürzte bei einem wilden Ritt zu Tode. Sein Leichnam wurde in der Burg Haichenbach aufgebahrt. Noch am selben Tage brach ein Feuer aus, das die gesamte Anlage zerstörte. Gläubige Menschen meinten, im Feuer den Teufel gesehen zu haben, der den Burgherrn holte. Heute ist die Ruine für den Betrachter von beiden Seiten der Donauschlinge zu sehen. Sie soll sogar durch einen unter-

Zugang zum Kerschbaumerschlössl

irdischen Gang unter der Donau mit dem gegenüberliegenden Ufer verbunden gewesen sein. In manchen Raunächten waren früher an dem Ort, an dem die Burg Schlögen stand, die markerschütternden Schreie der ermordeten Ritter zu hören.

DER SCHAUPLATZ: Ein außergewöhnlicherer Weg, die Ruine zu erobern, führt über die Donau: Vor der Ortschaft Schlögen gibt es eine Anlegestelle einer Fähre, dort schlägt man mit einem Hammer auf ein Eisen. Das Signal wird von einem Fährmann auf dem gegenüberliegenden Ufer gehört, der mit seinem kleinen Schiff herüberkommt und Wanderer wie Radfahrer aufnimmt. Am Fuß der Ruine Haichenbach gibt es eine kleine Jausenstation (nein, die Wirtin ist nicht unfreundlich, sie ist einfach so – die Brote sind wirklich empfehlenswert), und von hier aus kann man ebenfalls in 20 bis 30 Minuten die Ruine erreichen. Die Brödlspitze ist ein Aussichtspunkt nahe der Burgruine und wird heute Brödlblick genannt.

Auf der Schlögener Seite befindet sich unweit des Hotels Donauschlinge eine römische Ausgrabungsstätte. Wahrscheinlich stammt von daher die Vermutung, dass es auch auf dieser Uferseite eine Burg gegeben haben muss.

Den berühmten „Schlögener Blick" erreicht man von der Hotelanlage in Schlögen nach einem ca. 30-minütigen Aufstieg auf dem Ciconia-Weg.

8 Aschach
Doktor Faustus an der Donau

INFOS & TIPPS

ANFAHRT
Aschach liegt an der B131, wo auch eine Brücke über die Donau führt.

INFORMATIONEN
Faustschloessl Zauner OG, Familie Rudolf & Wolfgang Zauner, Oberlandshaag 72, 4101 Feldkirchen/ Aschach-Donau, +43 (0) 7233/7402, faustschloessl@aon.at, www.faustschloessl.at

Das OÖ Privatfernsehen LT1 hat zu dieser Geschichte einen Kurzfilm verfasst, den man sich im Internet ansehen kann.
Aufrufen unter: www.LT1.at – Suchbegriff: Weidinger Erich

Johann Georg Faust stammte vermutlich aus Knittlingen in Baden-Württemberg und lebte als wandernder Wunderheiler, Magier, Alchemist und vieles mehr angeblich bis Mitte des 16. Jahrhunderts. Manche meinten, er sei Arzt und Gelehrter, andere verurteilten ihn als Scharlatan und Betrüger. Die Tatsache, dass er wie viele seiner Zeitgenossen versuchte, Gold zu erzeugen, hatte zur Folge, dass er offenbar aufgrund eines Arbeitsunfalls einer Explosion zum Opfer fiel. Die schrecklich verstümmelte Leiche, die seine Zeitgenossen fanden, ließ deren Fantasie erblühen, sodass letztendlich die Meinung entstand, der Teufel – Mephisto – hätte Faust aufgrund eines Paktes geholt.

Einmal, wahrscheinlich auf dem Weg nach Wien, kam Faust nach Aschach an der Donau. Der Blick über den Fluss gefiel ihm so gut, dass sich der Mann vom Teufel ein kleines Schlösschen am gegenüberliegenden Ufer wünschte. Tatsächlich stand am nächsten Morgen ein perfektes Gebäude über der Donau, das Faust-Stöckl. Da es an diesem Ort noch keine Brücke über den Fluss gab, ließ sich Faust jedes Mal, wenn er hinüber wollte, eine Brücke bauen, die sofort wieder abgerissen werden musste, wenn er darübergegangen war. Eines Abends war dem Mann langweilig, und er befahl Mephisto, eine Kegelbahn auf der Donau zu errichten. Zu guter Letzt musste ihm der Teufel nach jedem Wurf die Kegel wieder aufstellen. Der Magier hatte zahlreiche Ideen, wie zum Beispiel jene, eine gepflasterte Straße von seinem Schlösschen nach Neuhaus an der Donau zu bauen, auf der er mit seinem Pferd galoppieren konnte. Eines Abends geriet Faust in seinem Schlösschen mit dem Teufel in Streit. Mög-

licherweise wollte er den Vertrag mit Mephisto lösen. Bis ans andere Ufer des Flusses hörte man ein Schreien und Toben. Der Teufel nahm den Gelehrten am Kragen und fuhr mit ihm direkt durch die Wand und in die Luft hinauf. Dort meinte der Mann, alle Engel singen zu hören. Er seufzte tief auf, weil er sich an das viele Unrecht erinnerte, das er in seinem Leben verursacht hatte. Der Teufel ermahnte ihn und drohte, ihn fallen zu lassen, wenn sich diese Situation wiederholen sollte. Das getraute sich Faust nun doch nicht. Doch leider war das sein letzter Fehler. Hätte er nochmals geseufzt und seine Sünden bereut, hätte der Teufel die Macht über ihn verloren. So zerriss der Höllenfürst den Mann und verschwand mit ihm in einer Schwefelwolke.
Eine kleine Stelle in der Mauer im Faust-Stöckl ließ sich bis heute nie ganz zumauern und verputzen ...

Das Faust-Stöckl, von Aschach aus gesehen

DER SCHAUPLATZ: Das Faust-Stöckl, bereits 1500 urkundlich erwähnt, wurde an einen Felsen gebaut. Es diente unter anderem als Sitz des Mauteinnehmers der Schaunburger. Zu dieser Zeit wurden Ketten über die Donau gespannt, um die Schiffe zum Anhalten und Entrichten der Maut zu zwingen. Am Ufer unterhalb des Hauses befindet sich noch ein Mauerrest, an dem die Kette befestigt war. Das Stöckl war längere Zeit in adeligem Besitz und beherbergte von 1925 bis 1938 ein Sanatorium. Anschließend war bis 1945 eine Gauschule darin untergebracht. Am Ende des Zweiten Weltkriegs wurde es zerstört und später wieder aufgebaut. Erst im Jahre 1966 wurde es als Hotel eröffnet. Auch heute noch wird das Faust-Stöckl als Restaurant und Hotel geführt. Und wer nett fragt, darf sich sicher in einer kleinen Stube unter einer Sitzbank die Stelle ansehen, an der sich die Mauer nie ganz schließen ließ. Vor dem Hotel befindet sich eine Tafel, auf der die Sage und allerlei Wissenswertes zum Mythos Faust nachzulesen ist.

9 Grein
Der Schwarze Mönch von Werfenstein

INFOS & TIPPS

ANFAHRT
St. Nikola im Strudengau liegt an der B3/Donaustraße.

INFORMATIONEN
Anmeldungen nur bei:
Marktgemeinde Neustadtl an der Donau,
Marktstraße 16, 3323
Neustadtl an der Donau,
+43 (0) 7471/2240,
gemeinde@neustadtl.at,
www.neustadtl.at

Der Felsen über der Donau, auf dem Burg Werfenstein im Strudengau steht, ist seit jeher ein strategisch wichtiger Ort. Von dieser Warte aus konnte man den Fluss und die Wege am Land bestens überblicken. Die Burg konnte von Feinden nicht eingenommen werden, da ihre Bewohner sie leicht verteidigen konnten, und sei es nur dadurch, dass man dem Feind Steine entgegenwarf. So hat die Burg ihren Namen erhalten: Werfenstein.

Einst lebten auf der Burg Raubritter mit ihren Frauen, Kindern und Leibeigenen. Auch ein Mönch war unter ihnen, der den Rittern in Neid und Habgier kaum nachstand. Wie auch an anderen Stellen der Donau wurden von den Schlossherren Ketten über den Strom gespannt, um die Maut von den Schiffern eintreiben zu können. Manche Schiffe wurden geplündert und die Besatzung ermordet oder in den Turm geworfen. Der Mönch war bei diesen Hinterhalten stets eifrig dabei. Nach dem Ableben des Kirchenmannes musste er Buße tun und fortan als Geist den Tod ankündigen, weshalb er der Schwarze Mönch oder das Graue Manderl genannt wurde.

Um das Jahr 1045 fuhr ein Schiff die Donau hinunter, auf dem der Bischof von Würzburg zu Gast war. Da erblickte er auf dem Turm der Burg einen Mönch in schwarzem Gewand. Dieser hob drohend die Hand. Der Bischof machte die anderen Mitreisenden auf die Gestalt aufmerksam. Doch keiner außer dem Bischof konnte den Mönch sehen. Das Schiff legte etwas später bei Schloss Persen-

Burg Werfenstein

beug an, denn der Bischof war Gast bei Gräfin Richlita. Bei einem Empfang im Rittersaal brach plötzlich der Boden ein und alle Mitglieder der Gesellschaft stürzten in das Badezimmer darunter. Zum Glück kamen die meisten mit dem Schrecken oder mit leichten Verletzungen davon. Nur der Bischof stürzte so unglücklich, dass er sich eine Rippe brach und ein paar Tage später verstarb.

Die Stromschnellen im Strudengau waren früher bei den Schiffskapitänen und Bootsführern gefürchtet. So fuhr im 12. Jahrhundert ein Schiff an der Burg Werfenstein vorbei. Wieder erschien mit drohender Gebärde der Schwarze Mönch. Die Ritter auf dem Schiff sahen den Mann und waren sehr erschrocken. Nur ein einziger junger Ritter konnte die Gestalt auf dem Turm nicht sehen. Kurz darauf fuhr das Schiff auf einen Felsen auf, und alle Passagiere ertranken. Bis auf den jungen Ritter, der sich ans Ufer retten konnte.

Auch den Türkeneinfall kündigte der unheimliche Mönch an. Mit einem großen Schwert in beiden Händen erschien er einigen Bewohnern der Umgebung. Als im Jahre 1529 die Türken die Donau heraufzogen, mussten einige Menschen der Region ihr Leben lassen. Der Turm auf Burg Werfenstein wurde oft auch „Teufelsturm" genannt.

Schifffrachter im Strudengau bei der Insel Wörth

Rechte Seite: Pöstlingberg, von Linz aus gesehen

TIPP
Die Führungen zur Insel Wörth werden mit bis zu 12 Personen durchgeführt, und es gibt auch nach Voranmeldung die Möglichkeit, in Grein zuzusteigen.

DIE SCHAUPLÄTZE: Burg Werfenstein ist schon von weitem zu sehen, wenn man von Grein nach St. Nikola im Strudengau kommt. Die Burg wurde 1234 erstmals erwähnt und wechselte oftmals den Besitzer, unter anderem gehörte sie einmal der Königin Viktoria von England. Ab dem Jahre 1530 wurde Werfenstein nicht mehr dauerhaft bewohnt und verfiel immer mehr. Heute ist die gesamte Ruine in Privatbesitz und ein Teil davon wurde bewohnbar gemacht.

Von Anfang Juli bis Ende September gibt es Spezialführungen zur **Insel Wörth,** Start ist am gegenüberliegenden Donauufer. Um 18.00 Uhr fährt man mit der kleinen Fähre, die tagsüber von Grein nach Neustadtl übersetzt, zur Insel Wörth, die heute nicht mehr bewohnt ist und zum Naturschutzgebiet erklärt wurde. Bis 1862 lebte auf dieser Insel der „Wörther Bauer". Bei den Führungen erfährt man vieles über die Geschichte und die Natur des Strudengaus. Natürlich werden dabei auch die diversen Sagen aus der Umgebung erzählt.

Der umkämpfte Zentralraum

Der Pöstlingberg

Im Vergleich zu den ländlichen Regionen haben sich in den größeren Ballungszentren weniger Sagen entwickelt oder erhalten. Dafür vermischt sich in den Städten meist das Historische mit den Volkserzählungen umso mehr.

In diesem Kapitel besuchen wir die Stadt **Wels.** Römerfunde beweisen, dass es sich auch hier um eine alte Stadt handelt, doch Sagenüberlieferungen aus ihrem historischen Kern gibt es wenige. Dafür haben wir eine Geistergasse entdeckt und gehen rund um die Stadtpfarrkirche eine Sagenrunde zu Fuß.

Weiter geht es nach **Linz.** Hier könnte der **Hauptplatz** viel Interessantes erzählen. In einer Zeit, in der Pferde statt Gummireifen Spuren auf dem Boden hinterließen, geschah manch Komisches wie Tragisches, von dem sich einige Geschichten ableiten lassen. Durch die **Altstadt** gelangt man zum **Schloss Linz,** wo heute das Oberösterreichische Landesmuseum untergebracht ist. Im 18. Jahrhundert wurde hier Maria Theresia durch einen Besuch von Zwergen aus dem Schlaf gerissen, und zu Bauernkriegszeiten wurden hier schlimme Schlachten geschlagen. Gleich

Stadt und Fluss Enns

oberhalb des Schlosses liegt eine der ältesten Kirchen Österreichs, die dem heiligen Martin geweiht ist. Sieht man vom Schloss über die Donau, so erblickt man in Urfahr, am **Pöstlingberg,** die bekannte Wallfahrtskirche. In ein paar Minuten mit dem Auto zu erreichen, hat man von oben einen großartigen Ausblick über Linz und Umgebung. Kirche und **Grottenbahn** sind ein Muss für jeden, der noch nie hier war. Bevor wir den Raum Linz wieder verlassen, besuchen wir noch das Zaubertal. Von Linz donauaufwärts führt nach ungefähr 2,5 km eine kleine Straße links ins **Zaubertal** mit der St.-Margarethen-Kirche. Lassen Sie am besten das Auto unten an der Donau stehen, da es bei der Kirche nur wenige Parkplätze gibt. Der Kreuzweg hier herauf ist leicht über die breiten Stufen zu erreichen. Wer noch ein paar Minuten Zeit hat, sollte neben dem Zaubertalbach, der einst Zellbach hieß, ein paar Minuten den Weg ins Tal hinein wandern.

Nun steigen wir wieder ins Auto und fahren 27 km von Linz über die Westautobahn Richtung Wien in die Stadt **Enns.** Unser Ziel, der Stadtturm, ist weithin sichtbar, und wenn Sie die Treppen hinaufsteigen, haben Sie eine Aussicht, die unsere dort lebenden Vorfahren schon zu schätzen wussten. Ein Blick auf den Boden ist dort auch wichtig. Und vergessen Sie nicht, auch dem Stadtmuseum gleich beim Turm einen Besuch abzustatten.

10 Wels
Von Pest und Geisterspuk

INFOS & TIPPS

ANFAHRT
Schloss Puchberg liegt an der B137, die Johannisgasse ca. 5 km Richtung Süden.

INFORMATIONEN
Und wer es wirklich ein bisschen unheimlich haben will, der macht eine der Nachtwächterwanderungen mit, die unter anderem durch die Johannisgasse führen und bei denen auch diverse Sagen und Geschichten erzählt werden. Diese Führungen finden das ganz Jahr meist an einem Freitag statt. Infos und Anmeldungen unter: Wels-Tourismus, Stadtplatz 44, 4600 Wels, +43 (0) 7242/67722-0, office@wels-info.at www.wels-info.at oder auch www.wels.at

Burg Wels, Burggasse 13, 4600 Wels
Öffnungszeiten: Dienstag–Freitag 10.00–17.00, Samstag 14.00–17.00, Sonn- und Feiertage 10.00–16.00 Uhr. Montags geschlossen.

Die Stadt Wels soll in frühen Zeiten so groß gewesen sein, dass der Markt dort abgehalten wurde, wo sich heute der Wirt am Berg (Richtung Gunskirchen) befindet.

Durch die fehlenden Hygienemaßnahmen in alten Zeiten verbreiteten sich Krankheiten und Epidemien sehr rasch und so fand auch die Pest in dieser Stadt ihre Opfer. Da die Stadtherren fürchteten, dass die Menschen rund um Wels die Krankheit hereinbringen würden, wurde ihnen der Zutritt in die Stadt verweigert. Nicht einmal zum Kirchgang durften sie hinein. So trafen sich die Menschen in der Allee, die von Schloss Puchberg nach Wels führte. Sie bauten einen Altar aus vielen Steinen, um trotzdem ihren Gottesdienst abhalten zu können. Als Erinnerung an diese Zeit wurde später an diesem Platz eine Pestsäule aufgestellt.

Die Pest soll in der Stadt so fürchterlich gewütet haben, dass nur drei Ehepaare überlebten. Für sie wurden Steinskulpturen an der Stadtpfarrkirche, am ehemaligen Gerichtsdienerhaus und auf einem Haus am Stadtplatz angebracht. Letztere ist die Einzige, die heute noch zu sehen ist.

In der Nähe der Pfarrkirche befindet sich die Johannisgasse. Hier war früher ein Brunnen, aus dem sich ehemals die Menschen ihren täglichen Wasservorrat holten. Da dies zur Pestzeit nicht ratsam war, wurden die Toten dieser Gasse einfach in den Brunnen geworfen. Deshalb hatte diese Gasse für längere Zeit den Beinamen Totengasse. Im Haus Nr. 16, in dem früher ein Bäcker seine Backstube hatte, spukte es. Öfters war zu hören, dass jemand mit einem Hammer gegen die Wand klopfte, obwohl niemand mit einem Hammer zugange war. Dies war ein Zeichen, auch Ankünden

Die Burg Wels mit Museum

genannt, dass bald darauf ein Welser Bürger sterben würde.

Eine weitere Geistergeschichte berichtet von dem Haus Nr. 4. Hier war eine Lotterie untergebracht, und es war ebenfalls immer wieder ein gruseliges Klopfen zu vernehmen. Ein Priester, der um Rat gefragt wurde, empfahl Folgendes: Die Männer des Hauses sollten sich vor Mitternacht in dem Geisterzimmer treffen und gemeinsam bis Mitternacht den Rosenkranz beten. Ein Geistlicher sollte auf jeden Fall dabei sein. Wenn es zu klopfen beginne, sollte der Priester laut „Herein" rufen. Dann wäre der Spuk vorbei. Gesagt, getan. Doch als das Klopfen tatsächlich begann, getraute sich der Kirchenmann vor Angst nichts zu sagen. Da hörten die Männer von draußen am Gang einen lauten Ruf: „Ha!", und augenblicklich fiel der Priester tot zu Boden.

DER SCHAUPLATZ: Die Pestsäule oder auch Mariensäule stand früher an der Straßenkreuzung der Grieskirchner Straße bei Schloss Puchberg. In den 1960er-Jahren wurde sie durch einen Lkw stark beschädigt und danach abgetragen. Die Allee nach Wels hinein besteht heute noch. Eine kleine Pestsäule oder Dreifaltigkeitssäule steht dafür in der Ad-

TIPP

Die Stadtpfarrkirche ist allein wegen den vielen alten Grabplatten sowohl im Inneren wie an den Außenmauern sehenswert. Gegenüber zweigt die Burggasse vom Stadtplatz beim „Hoffmannschen Freihaus" ab, ein geschichtsträchtiges Gebäude mit aufwendigen Renaissancefresken. Hier gelangt der Besucher zur Burg Wels mit kleinem Park, wo das Stadtmuseum untergebracht ist. Nehmen Sie sich Zeit und machen Sie einen geschichtlichen Streifzug vom Mittelalter bis in die Gegenwart. Ganz nahe am Minoritenplatz liegt das ehemalige Minoritenkloster, in dem das Römermuseum untergebracht ist.

lerstraße. Wenn man den Stadtplatz Richtung Osten verlässt, steht auf der gegenüberliegenden Straßenseite ganz unscheinbar diese Steinsäule mit dem Jahreseintrag 1712. Wels wurde zwischen 1585 und 1713 mehrere Male von der Pest heimgesucht.

Am Stadtplatz ist tatsächlich ein steinernes Paar an der Fassade des Hauses Nr. 8 zu entdecken, in der Nähe der Stadtpfarrkirche. Dieses Relief zeigt aber keine Überlebenden aus der Pestzeit, sondern es war Teil eines Grabsteines aus der Römerzeit.

Die Johannisgasse zweigt von der Pfarrgasse hinter der Stadtpfarrkirche ab. Sie war schon immer eine schmale, düstere Gasse, wo sich das mittelalterliche Rotlichtviertel der Stadt befunden haben soll. Vermutlich wollte man deshalb den Besuch der Gasse mit gruseligen Sagen und Geschichten verhindern. Außer ein paar erhaltenswerten alten Bürgerhäusern bietet diese Gasse heute keine Sehenswürdigkeiten.

Hausfassade am Welser Stadtplatz

Linz – Hauptplatz
Das Losensteiner Turnier

11

Als Kaiser Maximilian im Jahre 1519 starb, wurde sein Reich an seine Nachkommen vererbt. Österreich wurde unter seinen Enkeln aufgeteilt. Der in Spanien lebende Erzherzog Ferdinand I. erhielt die nieder- und oberösterreichischen Länder und wurde später durch die Habsburgische Heiratspolitik König von Böhmen und Ungarn. Dazu vermählte er sich mit Anna von Ungarn, und die Hochzeit wurde am 26. Mai 1521 in Linz ausgerichtet. Es mussten aufwendige Vorbereitungen getroffen werden, da zahlreiche Gäste auch aus dem Ausland erwartet wurden. So baten die Linzer die Stadt Steyr um Hilfe – sie war damals eine der reichsten Städte Österreichs – und so wurden mehrere Pferdewagen voll mit Tellern, Krügen und vielen anderen Küchenutensilien herbeigekarrt. Der Stadtarchivar von Steyr kann heute nicht mehr nachvollziehen, ob alles wieder zurückgegeben wurde.

Während der tagelangen Feier wurden auch Turniere abgehalten. Dabei war ein spanischer Ritter mit den österreichischen Edelmännern in Streit geraten. Er forderte einen Kampf auf Leben und Tod und ließ einen entsprechenden Aushang am damals neu errichteten Rathaus anbringen. Der unerschrockene Sebastian von Losenstein – ein bedeutendes Ministerialengeschlecht – nahm die Herausforderung an und stellte sich dem Zweikampf. Auf dem Stadtplatz zu Linz wurden Bühnen für den Erzherzog, seine Gemahlin und seinen Hofstaat errichtet, und vor einer großen Menschenmenge wurde der Kampf ausgefochten. Der Losensteiner kam vom Schmidtorturm her und vom Wassertor

INFOS & TIPPS

ANFAHRT
Von der Westautobahn (A1) auf der A7 Richtung Linz Zentrum, auf der Kremstalstraße B139 bis Hauptplatz.

INFORMATIONEN
Eine private, tolle Internetseite mit alten Ansichten und Beschreibungen von Linz ist unter www.linzansichten.at zu finden.

Linzer Hauptplatz

her erschien der Spanier mit großem Gefolge. Sie ritten mit spitzen Lanzen gegeneinander. Beim zweiten Ritt waren die Lanzen zersplittert und es wurde mit Schwertern weitergekämpft. Sebastian war hier der Kraft des Spaniers unterlegen. Kurz bevor die Pferde ein weiteres Mal aufeinandertrafen, nahm der Losensteiner seinem Pferd den Maulkorb ab. Sein wohldressiertes Pferd packte das Pferd des Spaniers bei den Nüstern und hielt es fest. Dadurch verlor der Spanier den Halt und fiel zu Boden. Sebastian holte zum Todesstoß aus, doch der frisch verheiratete Ferdinand stoppte den Kampf und erklärte Sebastian von Losenstein zum Sieger. Groß war der Jubel unter den Österreichern.

DER SCHAUPLATZ: Viele weitere Geschichten wären freilich über den Linzer Hauptplatz zu erzählen, der um das Jahr 1230 angelegt wurde und damals „an dem Markt" oder „am Platz" genannt wurde. Neben Marktleben und Ritterspielen gab es auch andere, schwerwiegendere Begebenheiten, denn an der Stelle der Dreifaltigkeitssäule stand bis 1716 ein Pranger. Der Schandpfahl diente zur Vollstreckung von Ehrenstrafen. Die Strafe bestand vor allem in der öffentlichen Schande, welche der Verurteilte zu erdulden hatte und die vielfach ein „normales" Weiterleben in der Gemeinschaft unmöglich machte oder

sehr erschwerte. Neben dem Pranger befand sich die Hinrichtungsstätte, die vor allem in den Jahren 1627 und 1636 unter den aufständischen Bauern grausame Hochkonjunktur hatte.

Im Alten Rathaus amtiert bis heute der Bürgermeister von Linz. Das Gebäude wurde um 1513 fertiggestellt, also kurz vor dem „Losensteiner Turnier". Der Schmidtorturm wurde 1828 abgetragen und ist auf manchen alten Zeichnungen und Gemälden noch zu sehen. Das untere Wassertor war ein hölzernes Tor, durch das man damals zur Donau gelangen konnte.

Ein wertvolles Dokument über das Turnier ist ein Gemälde eines unbekannten Künstlers, das das Turnier und den Linzer Hauptplatz zeigt. Es hängt heute in den Repräsentationsräumen des Bürgermeisters in der Altstadt Nr. 10, im Kremsmünstererhaus.

Das „Losensteiner Turnier"

TIPP
Jedes Jahr veranstaltet der Familienbund Oberösterreich das Familienbund-Ritterfest. Auf dem Hauptplatz finden Turniere statt und bis zum Linzer Schloss hinauf kann man Gestalten in historischen Gewändern sehen und vieles mehr entdecken. Das Fest findet immer am ersten Feriensamstag im Juli statt. Näheres unter: www.familienbund.at

Die Klosterstraße Richtung Hauptplatz

Nächste Seite: Die Nibelungenbrücke, vom Schloss aus gesehen

12 Linz – Römerberg
Eine Jungfrau und ein kopfloser Mönch

INFOS & TIPPS

Anfahrt: Vom Linzer Hauptplatz sind es 700 m zu Fuß vorbei am Schlossmuseum, am Linzer Schloss und die Römerstraße entlang.

Informationen: Einblick in die Kirche durch eine Glastür; Besichtigung des Innenraumes nur mit Stadtführer möglich!

Martinskirche, Römerstraße/Ecke Martingasse, 4020 Linz, +43 (0) 732/777454 oder +43 (0) 669/10131531 (Pfarrer Fink), pfarre.stmatthias.linz@dioezese-linz.at

oder: Touristinformation Linz, Altes Rathaus, Hauptplatz, 4020 Linz, +43 (0) 732/7070-2009, tourist.info@linz.at

Auf dem Römerberg, oberhalb des Schlosses Linz, steht die Martinskirche. Sie ist eine der ältesten Kirchen Österreichs mit bedeutenden Funden und römischen Gräbern. Im Inneren besonders erwähnenswert ist eine gemalte Darstellung des Volto-Santo-Kruzifixes von Lucca aus dem 15. Jahrhundert an der nördlichen Langhauswand. Nach der Legende wurde das Gesicht des Originales, eines hochverehrten Gnadenbildes aus der ersten Hälfte des 8. Jahrhunderts, von Engeln geschnitzt. Rätselhaft bleibt die Deutung des langen Gewandes, das einer weiblichen Heiligen zugesprochen wird. Zu diesem Bildnis gibt es mehrere Geschichten und Legenden:

200 Jahre nach Jesu Geburt gelobte eine Königstochter aus Holland ewige Jungfernschaft, der Vater hingegen hatte sie als Gemahlin für einen anderen König bestimmt. Da betete das Mädchen zu Gott, er möge ihr Gesicht entstellen, damit sie keiner mehr heiraten wolle. Und so geschah es. Über Nacht wuchs ihr ein Bart. Der Vater war so zornig darüber, dass er sie lebendig ans Kreuz nageln ließ, damit sie Gleiches erfahre wie ihr verehrter Jesus. Da kam ein armer Mann an dem Kreuz vorbei und hatte mit dem Mädchen Mitleid. Er nahm seinen einzigen Besitz, den er hatte, eine Geige, in die Hand und spielte Melodien zum Trost. Als Dank warf ihm das Mädchen einen goldenen Schuh von ihren Füßen vom Kreuz hinab. Der Spielmann wollte den Schuh verkaufen und wurde als Dieb festgenommen und zum Tode verurteilt. Als letzten Wunsch bat er darum, noch einmal vor der Gekreuzigten spielen zu dürfen. Als er vor

Die Martinskirche

dem Mädchen zu musizieren begann, warf sie ihm auch noch den zweiten Schuh hinab. Nun war seine Unschuld bewiesen.
Ähnlich wird auch erzählt, dass Jesus selbst einem Spielmann einen goldenen Schuh zuwarf.

Links: Die Martinskirche in Linz
Rechts: Das Volto-Santo-Gnadenbild

DER SCHAUPLATZ: Das Bildnis in der Kirche befindet sich gleich links in einer Nische. Abgebildet ist eine bärtige Figur am Kreuz mit dem Spielmann und seiner Fidel darunter. Die Martinskirche wurde erstmals 799 erwähnt, dürfte aber viel älter sein. Unter anderem ist hier auch ein uralter Backofen zu sehen.

Gleich unterhalb der Martinskirche kommt man durch ein Tor zum Schloss Linz. Dieses Tor hatte ursprünglich den Namen Martinstor. So wie die Kirche gegenüber. Heute kennt man diesen Durchgang als „Trutzbauer".

Das Martinstor war eine Art Wachturm und diente zugleich als Schanze gegen Angriffe von außen. Um das Jahr 1618 wurden die Wächter des Tores von einem kopflosen Mönch in Angst und Schrecken versetzt. Zwei Jahre später erschienen auf dem Schlossgelände kopflose Bauern. Selbst bei Tageslicht – nicht nur zur Geisterstunde – wurden

INFOS & TIPPS

Das Tor kann fast zu jeder Tageszeit besichtigt werden. Das Schlossmuseum Linz, das zum Landesmuseum OÖ gehört, bietet Platz für verschiedenste Ausstellungen und Veranstaltungen. Themen und Schaustücke von der Steinzeit bis zur Gegenwart werden den interessierten Besuchern geboten.

ÖFFNUNGSZEITEN

Di–Fr 9.00–18.00 Uhr, Do 9.00–21.00 Uhr, Sa, So und Fei 10.00–17.00 Uhr, Montag geschlossen; www.landesmuseum.at

Oben: Der Trutzbauer oder Martinstor

Friedrichstor

sie gesehen. Dies wurde später als Vorzeichen gesehen, da 1626 bei diesem Martinstor eine entscheidende Schlacht im Bauernkrieg geschlagen wurde. Viele Bauern, die bei dem Sturm auf die Burg in Gefangenschaft gerieten, wurden bald darauf geköpft. Deshalb heißt heute das Tor „Trutzbauer".

DER SCHAUPLATZ: Das Tor trägt heute ein Dach, die Schießscharten sind jedoch noch zu erkennen. Von der Rückseite her ist es begehbar.
Das zweite Tor dahinter ist das Friedrichstor. Darauf befinden sich die Buchstaben A.E.I.O.U., über deren Bedeutung heute noch die Historiker rätseln.

Linz – Pöstlingberg
Das entwendete Gnadenbildnis

13

Der Pöstlingberg ist nicht nur ein begehrtes Wohnviertel in Linz, sondern mit der markanten Wallfahrtsbasilika „Sieben Schmerzen Mariä" an seinem höchsten Punkt auch ein beliebtes Ausflugsziel. So wurden der Berg – übrigens 827 erstmals als Chestinperg erwähnt – und seine Kirche zum Wahrzeichen von Linz.

Die religiöse Geschichte des Pöstlingbergs (537 m) geht auf das Jahr 1716 zurück. In diesem Jahr ließ Franz Obermayr, ein Laienbruder des Urfahrer Kapuzinerklosters, am Wetterkreuz eine vom Linzer Bildhauer Ignaz Jobst gestaltete Schmerzensmadonna zum Schutz der Bevölkerung gegen schlimme Wetterschäden anbringen, die bereits einige Jahre später den Pöstlingberg zur Pilgerstätte machte. Eine 1720 errichtete hölzerne Betstatt wurde 1730/31 durch eine Kapelle mit Steinunterbau ersetzt. 1742 begann schließlich der Bau der Pöstlingbergkirche, die am 9. Dezember 1748 eingeweiht wurde. Zunächst eine Filialkirche der Linzer Stadtpfarrkirche wurde sie 1785 zur Lokalie erhoben und erhielt einen Friedhof mit Totengräberhaus. Seit 1960 werden sowohl die Kirche wie auch die Pfarrgemeinde von der Ordensgemeinschaft der Oblaten des heiligen Franz von Sales betreut. Am 15. August 1964 wurde die Kirche zur päpstlichen Basilica minor erhoben.

Die Sagen und Legenden rund um die Pöstlingbergkirche sind ebenso vielfältig wie ihre langjährige Geschichte. Hier einige Ausschnitte:

Die Knechte des Pöstlingbauern, der am Berg seine Wirtschaft führte, entfernten eines Tages die Pietà von ihrem Platz und nahmen sie mit nach Hause. Am nächsten Tag war das

INFOS & TIPPS

ANFAHRT
Wer sich für den Besuch des Pöstlingbergs Zeit nehmen will, dem sei empfohlen, von Urfahr aus mit der Pöstlingbergbahn hinaufzufahren.

INFORMATIONEN
Dieses Oratorium ist nicht öffentlich zugänglich, aber bei Voranmeldung im Pfarramt kann es in manchen Fällen ermöglicht werden: Pfarre Pöstlingberg-Lichtenberg, Derflerstraße 8, 4040 Lichtenberg, +43 (0) 7239/6465

PFARRKIRCHE
Täglich von 08.00–18.00 Uhr, Mai–Oktober 07.00–20.00 Uhr

PÖSTLINGBERGBAHN
Wer noch nie in der Grottenbahn am Pöstlingberg war, sollte am Rückweg dem Fingerzeig des Zwerges unter dem Regenschirm folgen und in die Märchenwelt eintauchen. Geöffnet März–Mai von 10.00–17.00 Uhr / Juni–August 10.00–18.00 Uhr / September–November 10.00–17.00 Uhr/ und an den Adventsonntagen, www.linz.at/tourismus/

Links: Marienstatue am Altar der Wallfahrtsbasilika
Rechts: Zwergenfigur am Eingang zur Grottenbahn

Marienstatue am Wetterkreuz

Bild wie durch ein Wunder wieder zum Wetterkreuz zurückgekehrt.
Am Fuße des Pöstlingbergs, im Schloss Hagen, wohnte die alte Meierin. Sie war krank und konnte nur mehr mit zwei Krücken gehen. Sie hörte von der wundertätigen Marienstatue und ließ sich zum Wetterkreuz bringen, um dort zu beten. Am Nachhauseweg fühlte sie sich gestärkt und konnte bereits eine Krücke weglegen. Nach der zweiten Andacht an diesem Platz war sie bereits fähig, allein und ohne Krücken zu gehen. Das Wunder sprach sich schnell herum und viele Menschen aus der Gegend pilgerten zur Schmerzensmutter beim Wetterkreuz. Viele Wunder und Heilungen wurden dem Bildnis zugeschrieben, von denen die verschiedenen Votivbilder berichteten, die man schließlich dort in einer einfachen Holzhütte anbringen ließ. Aus Angst vor der Abwanderung seiner Gläubigen ließ der Dechant der Linzer Stadtpfarrkirche die Hütte zunageln. Am nächsten Tag war sie ohne Gewalteinwirkung wieder offen.
Später ließ Graf Starhemberg nach einer Heilung von einer Krankheit auf dem Berg die erste Kirche erbauen. Franz Obermayr konnte es noch selbst erleben, als seine Statue 1747 in der halbfertigen Kirche am Altar angebracht

Die Wallfahrtsbasilika auf dem Pöstlingberg

wurde. Selbst in späteren Jahren schien über der Kirche ein unsichtbarer Schutzmantel zu schweben. Während des Zweiten Weltkriegs fielen auf Linz und die Umgebung viele Bomben nieder. Dabei wurde das Schloss Hagen schwer beschädigt, die Kirche und die umliegenden Häuser blieben aber verschont. Gläubige Menschen erzählten, dass die heilige Maria über dem Berg schwebte und die Flieger mit ihrem Glanz blendete.

DER SCHAUPLATZ: Die Basilika auf dem Pöstlingberg ist weithin zu sehen und immer noch ein beliebter Wallfahrtsort. Die originale Gandenfigur ist in goldenem Strahlenkranz am Hochaltar angebracht. Über der Sakristei befindet sich ein Oratorium, eine kleine Kapelle, die für Taufen und kleine Andachten geöffnet wird. Am Stiegenaufgang und in dieser Kapelle hängen viele alte Votivbilder, die von Wundern und Heilungen berichten. Die Mauern der vorderen Fensternische zur Kirche sind bemalt mit den ältesten Abbildungen des Wetterkreuzes und der hölzernen Hütte. In der zweiten Nische sind Abschnitte der damaligen Kirchenplanung zu sehen.

14 Leonding
Maria und der Teufel im Zaubertal

INFOS & TIPPS

ANFAHRT
Vom Linzer Schloss am südlichen Donauufer fährt man die Obere Donaulände/B129 ca. 4 km Richtung Westen, wo die Zaubertalstraße nach Süden abzweigt.

INFORMATIONEN
Pfarrkanzlei St. Margarethen, Zaubertalstraße 9a, 4020 Linz, Grete Leonhartsberger, +43 (0) 732/775137, pfarre.stmargarethen.linz@dioezese-linz.at

Lange Zeit bevor es hier über der Donau eine Kirche gab, lebte im Zaubertal ein Einsiedler. Er war ein frommer Mann und hatte eine Statue der heiligen Maria mit dem Jesuskinde, vor der er oft niederkniete und betete. Eines Tages kam ein Ritter auf seinem Pferd, angeblich war er ein Kreuzritter. Er bat den frommen Mann um Herberge. Erst jetzt erkannte der Einsiedler, dass der Ritter schwer verletzt war. Er nahm ihn bei sich auf und pflegte ihn. Kaum war er genesen, kamen eines Tages fremde Reiter und wollten den Ritter töten. Dieser eilte zu seinem Pferd und ritt direkt auf den großen Felsen zu, der heute noch über der Donau prangt. Das Wasser des Flusses stand damals noch höher. Der Ritter, auf der Flucht vor seinen Feinden, sprang mit seinem Pferd in die Fluten und überlebte wie durch ein Wunder. Das hohe Kreuz am Felsen wurde als Dank für diese Rettung errichtet.

Nach dem Tod des Einsiedlers wurde die Statue der Muttergottes von den Menschen der näheren Umgebung verehrt und es wur-

Die Maria-Thal-Kapelle mit Muttergottes-Statue

den ihr viele wunderbare Heilungen nachgesagt. Im 17. Jahrhundert wurde mit dem Geld, das die Menschen damals spendeten, die Maria-Thal-Kapelle am Kalvarienberg errichtet.

DER SCHAUPLATZ: Wenn man von der Donau kommend in Richtung Zaubertal einbiegt, erblickt man gleich links über dem erwähnten Felsen die malerisch gelegene Kirche St. Margarethen mit der darunterliegenden Maria-Thal-Kapelle. In dieser Kapelle befindet sich eine auf das 14. Jahrhundert datierte Marienstatue aus Sandstein. Das hohe Kreuz außerhalb des kleinen Friedhofs wurde im 19. Jahrhundert durch ein neues ersetzt. An den Ausläufern des Kalvarienbergs wurde 1381 erstmals eine Kirche erwähnt, die sich aber am Ufer der Donau befand und mehrmals zerstört und wieder aufgebaut wurde. Heute steht dort die Heilbrunnkapelle aus dem Jahre 1665. Dem Heilwasser, das hier entsprang, wurde gute Wirkung bei Augenleiden nachgesagt, wie bei vielen anderen österreichischen Heilquellen. Eine Heilungsgeschichte berichtet, dass ein von Räubern geblendetes Kind durch dieses Wasser sein Augenlicht zurückbekam.

In wenigen Minuten kommt man über einen Kreuzweg von der Donau über einige

Links: Kreuz unterhalb des Friedhofs
Rechts: Friedhofskapelle

Blick über die Friedhofskapelle auf die Donau

Stiegen vorbei am ehemaligen Franziskanerkloster zur Kirche St. Margarethen. Der beeindruckende Blick vom alten Friedhof (1792) über die Donau entlohnt auch Wandermuffel für den kurzen Aufstieg. Oberhalb der Kirche und auf dem Wanderweg weiter ins Zaubertal befinden sich große Felsen, die mit folgender Geschichte in Verbindung stehen:

Im Zaubertal wohnte einst ein armer Bauer, der viele Schulden bei einem ortsansässigen Amtmann hatte und der deswegen mit seiner Familie das Haus verlassen sollte. Unter der Bedingung, drei Aufgaben zu erfüllen, würde der Reiche von seinen Forderungen zurücktreten:

Am ersten Tag: Eine große Wiese auf einem Abhang mähen.

Am zweiten Tag: Einen riesigen Felsen vom Acker des Amtmannes wegbringen, der bei der Feldarbeit immer schon im Wege war.

Am dritten Tag: Den Amtmann mit einer Kutsche auf den Wilden Stein oberhalb der Kirche bringen.

Da sich der Bauer diesen Forderungen unmöglich gewachsen sah, beschloss er, sich neben der Maria-Thal-Kapelle zu erhängen. Als er mit seinem Strick zugange war, kam ihm ein Jäger entgegen, dem er von seiner Not erzählte. Der Fremde bot ihm seine Hilfe unentgeltlich an. Und so gingen die beiden Männer am nächsten Tag auf die Leiten, um das Gras zu mähen. Auch zu zweit würden sie sicher bis in die Nacht hinein arbeiten müssen. Doch kaum hatte der vermeintliche Jäger die Sense zur Hand genommen, ging es so schnell, dass der Bauer mit dem Zusehen kaum nachkam. Am zweiten Tag packte der Mann den riesigen Stein vom Felde und hievte ihn auf ein Fuhrwerk, das von einem halb ausgehungerten Pferd leicht weggezogen werden konnte. Am dritten Tag war sich der inzwischen beeindruckte Amtmann seiner

Felsformation im Zaubertal

Sache sicher. Es war unmöglich, eine Kutsche über die Felsen hinaufzubringen. Er wartete mit seinem Gefährt unterhalb der Kirche bei der kleinen Brücke am Zaubertalbach, der früher Zellbach hieß. Der Jäger schrumpfte plötzlich auf die Größe eines Fingerhutes und befahl dem Bauern, ihn in das Ohr des Zugpferdes zu stecken. Gesagt, getan, setzte sich der Landwirt auf den Kutschbock, und schon ging es los, dass den beiden Männern Hören und Sehen verging.

Oben angekommen, sprang der Bauer schnell ab und musste zusehen, wie sich der Felsen auftat und die Kutsche mitsamt dem Amtmann und dem ihm noch zuwinkenden Jäger verschwand. Mit einem Knall verschloss sich der Felsen, und es war, als ob hier nie etwas geschehen wäre. Der Bauer stürzte zur Maria-Thal-Kapelle hinunter, wo er den ganzen Tag betete. Den Amtmann und den Jäger hatte er nie mehr gesehen. Er konnte Zeit seines Lebens mit seiner Familie auf dem Hof bleiben.

15 Enns
Die Riesin vom Stadtturm

INFOS & TIPPS

ANFAHRT
Enns liegt an der A1/Westautobahn, Ausfahrt Enns Richtung B309/Steyr. Auf dem Hauptplatz gibt es gebührenpflichtige Parkplätze.

INFORMATIONEN
Tourismus & Stadtmarketing Enns GmbH,
Hauptplatz 19,
4470 Enns,
+43 (0) 7223-82777,
+43 (0) 676/3271818,
Ansprechperson:
Mag. Dr. Gaby Pils,
gaby@agora-linz.at,
www.tse-enns.at

www.turmhotel.at,
+43 (0)7223/82181888,
Onlinebuchung:
www.pixelhotel.at

Mitten auf dem Stadtplatz von Enns steht ein schlanker, fast 60 Meter hoher Turm, in dem der Türmer wohnte. Er musste über die Stadt wachen und alle Viertelstunden auf der Galerie des Turmes nach allen vier Himmelsrichtungen sehen, ob Gefahren auf die Stadt zukamen oder gar Brände ausgebrochen waren. Auf jeder Seite rief er laut „Ho" hinunter, was bedeutete, dass alles in Ordnung war. Beim Bau dieses Turmes hatte eine Riesin mitgeholfen. Sie holte viele Steine herbei, die Menschen alleine nicht tragen konnten. Direkt neben dem Turm lag eine kleine Kirche mit Friedhof, die Scheiblingkirche. Sie wurde abgerissen, da sie dem Bau des Turmes im Wege stand, und der Friedhof wurde aufgelassen. Die Altarplatte der Scheiblingkirche, eine dicke schwere Marmorplatte, trug die Riesin in ihrer Schürze hinauf in die Türmerwohnung. Sie diente ab nun als Tisch für das Wachzimmer. Die herausgenommenen Grabsteine trug die Riesin ebenfalls die 157 Stufen hinauf. Sie wurden als Unterlage für die Galerie eingebaut. Nach dem Tode der Riesin wurde dem Leichnam eine Rippe entnommen und diese zur Erinnerung mit einer Kette im Durchgang des Turmes befestigt. Später meinten manche Leute, dies sei die Rippe eines Elefanten. Anfang des 19. Jahrhunderts verschwand sie leider spurlos.

Jahre später lebte auf dem Turm eine Türmerin, die in die Zukunft sehen konnte. Mit ihrer Gabe konnte sie auch Diebe entlarven. Viele Menschen aus der Stadtbevölkerung besuchten sie, um sich von ihr die Zukunft deuten zu lassen oder um andere Hilfsdienste zu erbeten.

DER SCHAUPLATZ: Die Stadt Enns ist die älteste Stadt Österreichs. 1212 wurde das Stadtrecht urkundlich verbrieft. Im Museum Lauriacum, das sich gegenüber dem Turm befindet, kann man diese Urkunde sehen. Der Stadtturm wurde tatsächlich neben der Scheiblingkirche in den Jahren 1564 bis 1568 aufgebaut.

Für den Abriss der Kirche bekam man die Erlaubnis vom Papst, doch dass die Altarplatte als Tisch für das Türmerzimmer und die Grabsteine wirklich für die Galerie verwendet wurden, war für die Kirche und ihre gläubigen Anhänger ein großes Ärgernis. Die letzte Türmerin, an die sich noch viele Ennser erinnern können, lebte bis 1970 in diesem Turm und läutete die Glocken. Heute kann der Besucher tagsüber den Turm gegen eine Gebühr von zwei Euro besteigen. Die Türmerwohnung und die Tischplatte sind nur mehr bei Spezialführungen zu besichtigen, haben sich doch seit dem späten 19. Jahrhundert auf der weichen Steinplatte unzählige Besucher eingraviert. Wer auf der Galerie die Aussicht über Enns und Umgebung genießt, sollte nicht vergessen, auch auf den Boden zu schauen. Denn dort sind noch heute einige eingelassene Grabsteine aus dem alten Friedhof zu entdecken.

Der Stadtturm in Enns (links), die in den Boden eingelassenen Grabplatten der Galerie (rechts)

Aufgang zur Turmwohnung

Das Turmzimmer mit der zum Tisch umfunktionierten Altarplatte

Eine besondere Attraktion ist das seit ein paar Jahren eingerichtete Hotelzimmer in diesem Turm. Über 71 Stufen gelangt man in diese außergewöhnliche Unterbringung in 20 Metern Höhe über dem Hauptplatz von Enns. Der Holzboden und einige andere Stellen in diesem Raum sind uralt und wurden restauriert, und selbst die Ennser buchen eine Nacht in diesem Zimmer, weshalb es hoffnungslos ausgebucht ist.

Hotelzimmer im Stadtturm Enns

Rechte Seite: Häuser in Eferding

Von Heiligen und Ministerialen im Inn- & Hausruckviertel

Statue an der Abtsmühle an der Pram

Wir verlassen Linz und fahren auf der B129 ca. 25 km nach **Eferding.** Am Weg liegt das **Stift Wilhering,** wo einige Mitglieder der Schaunberger, eines Ministerialengeschlechts, bestattet wurden. Auch in der Stadtpfarrkirche von Eferding befindet sich ein Hochgrab der Schaunberger. In der Ortschaft Raffelding kurz vor Eferding steht links am Straßenrand eine große Figur, die in der Geschichte der Stadt eine wichtige Rolle spielt und uns immer wieder begegnen wird. Auch wenn der ersten Eindruck der Stadt nicht vielversprechend ist, hat manches in Eferding doch seine Reize: Allein die Mehlspeisen beider Konditoreien munden aufs Feinste!

Wir fahren 4 km weiter Richtung Norden nach **Pupping,** wo wir am Sterbeort des heiligen Wolfgang vorbeikommen. Die darüber errichtete Kirche ist die dunkelste, in der wir je waren, was auch eine eigenwillige Stimmung erzeugt. Gleich nach der Kirche führt links eine kleine Straße zur **Ruine**

Häuserzeile in Schärding am Inn

Schaunberg, die ca. 4 km weit entfernt in einem Wald auf einem Hügel versteckt liegt. Selten wurden wir so von einer Ruine beeindruckt.

Nun geht die Autofahrt fast eine Stunde, gut 50 km, Richtung Westen nach **Schärding.** Fast jeder kennt die bunten Häuserzeilen am Stadtplatz, doch wir befassen uns mit der alten Innbrücke, die nach Deutschland führt. Von den Grundmauern der Burg Schärding aus hat man eine unbeschreibliche Aussicht auf den Inn. Der alte Burgbrunnen aus dem 13. Jahrhundert in der Parkanlage hoch über der Stadt verdient auf jeden Fall einen Blick in seine Tiefen.

Die schnellste Strecke nach dem 44 km entfernten **Braunau** führt über Deutschland Richtung Süden. In der ältesten Stadt des Innviertels zieht uns die Herzogsburg mit Geistern und einem Mann mit langem Bart in seinen Bann. Wir fahren 21 km Richtung Süden nach **Mattighofen.** Hier sehen wir uns kurz die Kirche an, die in Verbindung mit den nächsten beiden Schauplätzen steht: 11 km weiter südlich die Kirche Heiligenstatt, die zwar von außen gesehen unscheinbar wirkt, sobald wir sie aber betreten haben, hat sie uns sehr beeindruckt, und die Grundfesten der Burganlage in **Friedburg,** nochmals 2 km

weiter südlich. Wer sich schon einmal auf dem Gebiet der Gemeinde Lengau befindet, sollte sich dort das 2014 neu eröffnete **Riesenmuseum** ansehen, das den größten Oberösterreicher zeigt, der je gelebt hat. Nun runden wir die Fahrt im Süden, die sich inzwischen zu einem reinen Kirchenbesuch entwickelt hat, mit dem Besuch von **Vöcklabruck** ab und fahren 37 km Richtung Osten. Ein Heimatmuseum und zwei Kirchen in der Umgebung finden unser Interesse.

Taiskirchen –
„Da is' d' Kirchen"

Auf dem Weg in den Norden nach **Ried** machen wir einen Abstecher nach Pram und legen weitere 36 km zurück. Dort besichtigen wir das **Museum Furthmühle,** die an dem Fluss Pram liegt, der bei Schärding in den Inn mündet und wo die Wilde Jagd des Teufels vorbeiging.

Unser nächstes Ziel ist **Taiskirchen,** das 6 km weiter nördlich liegt und seinen Namen angeblich von „Da is' d' Kirchen" ableitet. Die Bewohner und Besucher des Ortes orientierten sich an der Kirchturmspitze, da es hier oft sehr nebelig ist und das Dorf in einer Senke liegt – genauso ist es auch uns ergangen. Wir statteten der Ortschaft nur deshalb einen Besuch ab, da der Mann, der in Schärding vom Teufel abgesetzt wurde, von hier stammt. Zu sehen gibt es in dieser Ortschaft nichts Besonderes, außer dem Nebel und dem Kirchturm …

Ried im Innkreis und sein Brunnen am Stadtplatz ist für diese Fahrt das Endziel. Wer die Schauplätze unserer Sagen im Inn- und Hausruckviertel genau erkunden möchte, kann diese Besichtigungstour freilich nicht an einem Tag erledigen. Uns geht es darum, Ihnen eine Vorstellung dessen zu bieten, was es in dieser Region alles zu sehen gibt – ohne jemals den Anspruch auf Vollständigkeit geben zu können.

Eferding
Der wilde Mann

16

Eferding, eine der ältesten Städte Österreichs, war früher zum Schutz vor Plünderungen und Kriegen von einer langen Stadtmauer mit drei Toren umgeben. Städte und Burgen wurden in kriegerischen Zeiten immer schon belagert, und so geschah es auch einst in Eferding. Die Stadtherren hatten die Tore geschlossen, und niemand konnte in die befestigte Stadt gelangen. Die Feinde lagen vor den Toren und warteten darauf, dass eines der Tore geöffnet würde, da irgendwann die Lebensmittelvorräte aufgebraucht sein mussten. Und das wäre auch bald geschehen, wäre nicht ein schlauer Schneider mit einer seltsamen Idee vor den Stadtrat getreten. Er schlug vor, eine riesengroße Puppe zu nähen, sie auszustopfen und dem Feind vorzuführen, damit er unter ihren Einwohnern einen Riesen wähnen möge. Da man nichts zu verlieren hatte, wollten die Eferdinger es versuchen.

Viele Bewohner von Eferding halfen mit und brachten Stoffe, Stroh, Felle und lange Stangen. So stellten sie eine furchterregend wirkende Puppe mit langen Haaren und einem struppigen Bart her. Der wilde Mann, so nannte man die Puppe, wurde auf einem rollenden Brett befestigt, damit er die Stadtmauer entlanggezogen werden konnte. Halb Eferding war auf den Beinen und begleitete den wilden Mann mit Geschrei und anfeuernden Rufen. Drei Mal wurde er rund um die Stadtmauer gerollt, und die Feinde vor der Mauer sahen hinter der Befestigung eine furchtbare, wilde Gestalt. Sie meinten, dass den Stadtbewohnern über Nacht ein Riese zu Hilfe gekommen war. Die Belagerer stürmten Hals über Kopf davon und ließen alles stehen und liegen. Erst am nächsten Tag getrauten sich die Eferdinger, vorsichtig ein Stadttor zu öffnen.

INFOS & TIPPS

ANFAHRT
Eferding liegt keine 4 km südlich der Donau an der B129 und B130.

INFORMATIONEN
Fürst Starhemberg'sche Familienstiftung,
Kirchenplatz 1,
4070 Eferding,
+43 (0) 7272/2301-9,
schloss@starhemberg.com, www.starhemberg.com
Öffnungszeiten:
Museum des fürstlichen Hauses Starhemberg und der Stadt Eferding von 1. Mai–30. September an Sonn- und Feiertagen 10.00–12.00 und 14.30–17.00 Uhr

Stadtamt Eferding,
Stadtplatz 31,
4070 Eferding, Vz.-Bgm. Mag. Jutta Kepplinger,
+43 (0) 7272/5555-0,
tourismusverband@eferding.ooe.gv.at,
www.eferding.at

Schloss Starhemberg

TIPP

Wirklich toll gemacht ist der „Gschichtnweg", ein erlebnisreicher Weg nicht nur für Kinder. Anhand vieler Geschichten und Spielorte wird man rund um und durch die Stadt geführt. Es gibt eine kurze Variante, die ungefähr eine Stunde Wegzeit beansprucht, für die längere Distanz braucht man zwei Stunden Zeit. Aktiv wird der Themenweg vom 1. Mai–31. Oktober betreut. Hoffentlich wird dieser Weg weiterhin mit den nötigen Mitarbeitern und Geldern versorgt, damit er instandgehalten und immer wieder erneuert werden kann.

Es war kein Feind mehr zu sehen. Alle waren aus Angst vor dem wilden Mann geflüchtet. Erleichtert atmeten die Menschen auf und begannen, sich mit frischen Lebensmitteln einzudecken. Und natürlich wurde ein großes Fest gefeiert, und mit dabei: der wilde Mann.

DER SCHAUPLATZ: Eferding ist tatsächlich die drittälteste Stadt Österreichs. 1222 erhielt sie das Stadtrecht. Teile der alten Mauer sind hinter der Pfarrkirche zu sehen, und der wilde Mann wurde zum Wappenträger Eferdings. Er ist schon auf dem von Kaiser Maximilian verliehenen Wappenbrief aus dem Jahre 1510 zu sehen. Auch heute ist er immer wieder zu entdecken, zum Beispiel auf dem Stadtplatz an der roten Fassade des alten Rathauses.

Die größte Abbildung, wahrscheinlich der Originalgröße am ähnlichsten, wurde 1999 zur 777. Jahresfeier der Stadt aufgestellt. Eine 7 m hohe Figur aus Holz und Ziegeln, angefertigt von Ägidius Gamsjäger, Bildhauer in Fraham, wurde ein Jahr lang in der Stadt aufgestellt. Es ist zwar schade, dass sie sich heute nicht mehr in Eferding befindet, aber man kann sie bei ihrem Schöpfer in Raffelding, Gemeinde Fraham, bewundern. Sie steht direkt an der Linzer Straße, fast ein bisschen stiefkindlich, aber wer langsam fährt, kann sie nicht übersehen.

In Eferding befindet sich im Schloss Starhemberg unter anderem das Stadtmuseum. Das Schloss war die ehemalige Stadtburg und ist heute in Privatbesitz.

Pupping
Wo der heilige Wolfgang starb

17

Als das Land rund um Eferding von den Nebenarmen der Donau geprägt war, von denen einige sogar schiffbar waren, konnte man auch Pupping, das heute drei Kilometer vom Donauufer entfernt liegt, mit dem Schiff erreichen.

Wolfgang, Bischof von Regensburg, war im Jahr 994 mit dem Schiff auf der Donau zur Inspektion seiner Klöster und Pfarreien unterwegs. Er war inzwischen 70 Jahre alt und wurde auf dem Schiff sehr krank.

Zweiundzwanzig Jahre zuvor war ihm der heilige Othmar erschienen und hatte ihm Folgendes geweissagt: Wolfgang werde an einem Ort sterben, der dem heiligen Othmar geweiht sei. Othmar war der erste Abt von St. Gallen (689–759) und gilt als Patron der Winzer.

Das Schiff mit dem kranken Bischof legte in der Ortschaft Pupping an, wo eine Holzkirche dem heiligen Othmar geweiht war. Wolfgang ließ sich vor den Stufen des Altars der Kirche nieder und verstarb am 31. Oktober im Beisein der Bevölkerung aus der Umgebung. Er empfand die Anwesenheit so vieler Menschen als Trost und sagte ihnen, dass man sich für das eigene Sterben nicht zu schämen brauche. So fand die Weissagung ihre Erfüllung.

Später wurde der Sterbeort mit Gittern eingefasst, da zahlreiche Kranke an diesem Ort Heilung fanden, doch der Andrang war so groß, dass man dieser Wallfahrt Einhalt gebieten musste. Der 31. Oktober ist in der katholischen Kirche der Gedenktag des heiligen Wolfgang.

INFOS & TIPPS

ANFAHRT
Pupping liegt an der B130, 4 km nördlich von Eferding.

INFORMATIONEN
Eine St.-Wolfgang-Kapelle wurde in Brandstatt, einem Ortsteil von Pupping, an jener Stelle an der Donau errichtet, an der der Bischof an Land gegangen sein soll. Sie liegt in unmittelbarer Nähe der Schiffsanlegestelle Brandstatt. Der Donauradweg führt unmittelbar an ihr vorbei.

CLOSTER PUPPING.

DER SCHAUPLATZ: Das Herz und die Eingeweide wurden dem toten Wolfgang in Pupping entnommen und begraben. Der leblose Körper kam nach Regensburg zurück, wo er bestattet wurde. Nach der Auflösung des Klosters und der Zerstörung der Kirche in Pupping wurden die Reliquien angeblich nach Hartkirchen gebracht. Seither sind sie verschollen.

Auf Initiative von zwei Priestern sollte in Pupping eine Verehrungsstätte für den heiligen Wolfgang errichtet werden. Bei der Einweihung der Kirche 1879 waren bereits drei Franziskaner vor Ort, die die Betreuung der Wallfahrer übernahmen und schließlich das neben der Kirche stehende Shalomkloster ausbauten. Die Kirche war bis zu ihrer Auflösung auch Sitz der Pfarre Pupping, heute ist sie Filiale der Pfarre Hartkirchen des Dekanats Eferding.

Oben: Pfarrkirche in Pupping

Rechts: Reliquie des heiligen Wolfgang in der Steintafel vor dem Altar

Hartkirchen
Liebesdrama auf Burg Schaunberg

18

Die folgende Geschichte hat sich wahrscheinlich im 15. oder 16. Jahrhundert auf Burg Schaunberg in der heutigen Gemeinde Hartkirchen abgespielt. Der Name der Burg kommt wahrscheinlich vom umgangssprachlichen „vom Berg schaun" für „vom Berg herabsehen". Der Platz für die Anlage einer Festung war sehr wichtig, da damals die Donau Seitenarme hatte, die beinahe bis zum Fuß der Burganlage herankamen. So konnte man zur Donau hinunter „schaun", denn bei der Ortschaft Pupping gab es eine Schiffstation.

Die Festung gehörte dem Grafen von Schaunberg. Sein Sohn Wolfgang verliebte sich in ein schönes Mädchen aus einem umliegenden Dorf. Er konnte nicht mehr von ihr lassen und bat seinen Vater um die Erlaubnis, sie zu ehelichen. Doch Graf Heinrich wollte seinen Sohn mit einer Adeligen verheiratet wissen und nicht mit einem einfachen Mädchen, dem er den Zutritt zur Burg untersagte. Doch als auch dieses Verbot nichts half, verstieß er zornig seinen Sohn. Da dieser Liebe keine Zukunft beschert war, stieg Wolfgang mit seiner Geliebten aufs Pferd und ritt zur Donau, wo sich das Liebespaar in die Donau stürzte, die Mensch und Tier verschlang. Vater Heinrich wurde die schlimme Kunde überbracht, worauf er auf der Stelle verstarb. Da er ohne weitere Nachkommen war, erlosch die Linie der Schaunberger. Noch Jahre später wurde immer wieder an der Donau zu Mitternacht ein Geisterpferd gesichtet, das mit zwei Reitern auf seinem Rücken in die Donau sprang.

INFOS & TIPPS

ANFAHRT
Wenn man von Eferding kommend durch Pupping fährt, führt links nach der Kirche eine schmale Straße zur Ruine Schaunberg hinauf. Nach nicht ganz 4 Kilometern kommt man zu den Parkplätzen. Ein kurzer Weg führt abwärts zum imposanten Eingangstor der Anlage.

INFORMATIONEN
Gegen eine kleine Spende ist die Anlage jederzeit frei zugänglich und bietet auch bei nebeligem Wetter „unheimliche" Reize.
Gemeindeamt Hartkirchen, Kirchenplatz 1, 4081 Hartkirchen,
+43 (0) 7273/8956,
gemeinde@hartkirchen.ooe.gv.at,
www. hartkirchen.
ooe.gv.at

Blick vom 30 Meter hohen Turm der Burg Schaunberg

Eine weitere gespenstische Erscheinung gab es im Burggraben von Schaunberg. Dort erschienen zur Geisterstunde zwei blutige Gestalten, die an der Burgmauer vorbeischwebten.

Eine andere Version der Liebesgeschichte erzählt, dass sich Wolfgang, nachdem er verstoßen wurde, ins Kloster Wilhering zurückzog. Dort soll er 1559 einsam und verlassen verstorben sein. Am Tag nach der Beerdigung brannten drei Kerzen auf seinem Grab. Seine einstige Geliebte besuchte ihn nun als alte Frau an seinem Grab.

DER SCHAUPLATZ: Die heutige Ruine Schaunberg wurde 1154–1161 gebaut und war die größte Burganlage Oberösterreichs. Wer sie besucht, taucht in eine andere Zeit. Man wird von dieser Anlage gefangengenommen und erst nach längerer Zeit wieder freigelassen.

Die Burg und ihre Umgebung wurden mit mehreren Namen in Verbindung gebracht, die man wirklich ständig verwechselt. So steht die Burg Schaunberg in der Ortschaft Schaumburg im Gemeindegebiet von Hartkirchen. Dabei entstehen auch folgende Kombinationen: Schaumberg, Schaunburg, Schamberg, Schamburg etc.

Die Besitztümer der Grafen von Schaunberg (Scovenberch oder Schownberc, auch hier sind verschiede-

Burg Schaunberg

ne Schreibweisen zu entdecken) erstreckten sich von Passau bis zum Attersee. Da sie die Maut von Aschach an der Donau erhielten, bauten sie sich in der Nähe diese Burg, die ständig erweitert wurde. Als Heinrich von Schaunberg seinen Traum von der gefürsteten (unabhängigen) Grafschaft wahrmachen wollte, zog Reinprecht von Wallsee im Auftrag seines habsburgischen Herrn gegen Heinrich zu Felde. Obwohl der Schaunberger sich mit den Rosenbergern und deren Ministerialen verbündet hatte, besetzte der Wallseer in den ersten beiden Jahren der „Schaunberger Fehde" alle ihre Donauburgen, auch ihre Stadt Eferding. Burg Schaunberg belagerte er 1381 allerdings vergeblich.

Vier Gräben und zwei Zugbrücken dienten zum Schutz der Burg. Ein 32 Meter hoher Bergfried bot Aussicht nach allen Seiten, und heute kann man ihn auf einer Metallstiege ersteigen und bis ins Donautal hinabsehen.

Als Besitzer der Stadt Eferding bauten die Grafen dort ein Schloss, das zu ihrer Residenz wurde, bis im Jahr 1599 wirklich der letzte Schaunberger verstarb. Und mit diesem Jahr begann auch der langsame Verfall der Anlage, die in den Besitz der Starhemberger kam.

1957 konstituierte sich der „Verein der Schaunbergfreunde", um die Ruine zu erhalten, was tatsächlich gelang und weiter fortgeführt wird. Ein Muss für jeden Burg- und Ruinenfreund.

19 Schärding
Der Teufel und die Alte Innbrücke

INFOS & TIPPS

ANFAHRT
Schärding liegt an der B136/B137. Vom Stögergassl im Zentrum der Stadt erreicht man die Alte Innbrücke zu Fuß in etwa 350 m.

INFORMATIONEN
Stadtmuseum Schärding, Schlossgasse, 4780 Schärding, +43 (0) 7712/3154-700, stadtmuseum@schaerding.ooe.gv.at
Öffnungszeiten: 1. Mai–31. Oktober: Mittwoch, Donnerstag, Samstag, Sonntag 10.00–12.00 Uhr und 14.00–17.00 Uhr. Ein Besuch ist für Gruppen auch außerhalb der Öffnungszeiten möglich.

Tourismusverband Schärding, Innbruckstr. 29, 4780 Schärding, +43 (0) 7712/4300, info@schaerding.info, www.schaerding.at

Der Ausgangspunkt der Geschichte liegt ungefähr 30 Kilometer südlich von Schärding in Taiskirchen im Innkreis.

Im nahe gelegenen Kainzing lebte einst auf einem Bauernhof ein Knecht namens Toni, der eine Notiz mit einer Teufelsbeschwörung fand. Er war des Lesens mächtig und sprach am Abend die Worte aus, ohne zu wissen, was sie bedeuteten. Plötzlich sprang die Tür auf und der Teufel kam in der Gestalt eines Jägers herein. Ein Kreuz an der Wand hinderte den Höllenfürst daran, Macht über den Knecht zu bekommen, und er verschwand wieder. Am nächsten Tag probierte es der Toni noch einmal, da er wissen wollte, ob der Zauberspruch ein zweites Mal funktionieren würde. Diesmal erschien der Teufel in seiner wahren Gestalt, packte Toni am Kragen und fuhr mit ihm in die Luft. Auf der wilden Fahrt, die nie zu enden schien, verging dem Knecht Hören und Sehen. Genau kann man es heute nicht mehr sagen, aber vielleicht fing der Toni in seiner Not zu beten an oder aber das Ave-Läuten beendete die Teufelsfahrt. Denn plötzlich war die schlimme Luftfahrt zu Ende, und der Knecht wurde auf den Boden gesetzt. Der Teufel verschwand ohne ihn. Er erblickte zu seinen Füßen Wasser und wurde gewahr, dass er auf einer Brücke saß. Es war die Alte Innbrücke von Schärding nach Neuhaus am Inn. Der „Teufelstoni", so wurde er seither genannt, hat nach diesem Erlebnis seinen Verstand verloren. Mitten auf der Brücke wurde zur Erinnerung an diese Begebenheit ein Kreuz gesetzt.

DER SCHAUPLATZ: Ein Kreuz auf der Innbrücke gibt es heute noch. Durch die Gewalt mehrerer Hochwasser wurde es zwar oft beschädigt und auch zerstört, doch von der Bevölkerung am Inn wurde es immer wieder erneuert.

Die Innbrücke verbindet heute Deutschland mit Österreich, die Stadt Schärding mit Neuhaus am Inn. Erstmals wurde um 1125 eine Holzbrücke über den Fluss gebaut. Die Steinpfeiler, auf denen die Brücke heute noch liegt, stammen angeblich aus dem 13. Jahrhundert. Viele Male wurde sie durch Hochwasser teilweise oder auch ganz zerstört. Gegen Endes des Zweiten Weltkriegs wurde ein Brückenabschnitt in die Luft gesprengt, um die Alliierten am Nachrücken zu hindern. Beim Wiederaufbau erhielt die Alte Innbrücke eine Eisenkonstruktion, 1970 wurde sie generalsaniert und heute steht sie unter Denkmalschutz.

Wer die schönen bunten Häuserfronten im Stadtzentrum noch nie gesehen hat, muss auf jeden Fall dorthin. Vom oberen Stadtplatz am Rathaus vorbei kommt man zum Stadtmuseum. Hier ist einer der neun Räume der Innschifffahrt und dem Mühlenwesen gewidmet.

Schärding, von Neuhaus aus gesehen

Die Alte Innbrücke und das Stadtmuseum Schärding

20 Pram
Der Müller und die Wilde Jagd

INFOS & TIPPS

ANFAHRT
Pram liegt in der Nähe der Innkreis-Autobahn (A8) bei der Ausfahrt Ried im Innkreis Richtung Kobernaußerwald

INFORMATIONEN
Freilichtmuseum Furthmühle, Marktstraße 26, 4742 Pram,
+43 (0) 7736/6255 Gemeindeamt,
office@furthmuehle.at,
www.furthmuehle.at

Die Wilde Jagd fuhr oft an der Pram entlang, auf den schmalen Wegen an den Mühlen vorbei, von denen es dort dereinst einige gab. Der Geisterzug, angeführt von Luzifer selbst, zog mit einem fürchterlichen Gerassel unter Schreien, Johlen, Heulen, Jammern, Ächzen und Stöhnen durch die Lüfte und kündigte damit Not und Verderben an.

Die Menschen verschanzten sich in ihren Häusern und getrauten sich erst am nächsten Morgen wieder ins Freie. Schlimm erging es denjenigen, die der Teufel auf seine Reise mitnahm. Ein junger Müllersbursch mit Namen Möchtl war neugierig und wollte die Wilde Jagd sehen. Er bastelte ein großes Holzkreuz und stellte es bei seiner Mühle an der engsten Stelle am Wegrand auf. Da auf dieser Seite der Mühle kein Fenster war, bohrte der Bursch ein kleines Loch in die Wand, durch das er genau auf sein Kreuz sehen konnte. In der Nacht ging der Teufelsgesellschaft ein heftiger Sturm voraus. Schnell stellte sich der Möchtl zu seinem Guckloch und sah, wie die ersten Gestalten an dem Kreuz haltmachten. Der Teufel erkann-

Die Furthmühle in Pram

te schnell, dass da wohl jemand zu neugierig war und stieß sein Horn durch das Guckloch mitten in das Auge des Müllersburschen. Die Wilde Jagd erhob sich über das Kreuz und passierte das Hindernis durch die Luft. Der junge Mann hatte so ein Auge verloren und wurde seither der „einäugige Möchtl" genannt.

DER SCHAUPLATZ: Die Geschichte selbst wurde aus der Gegend von Schärding erzählt. Dort befinden sich nur noch die Überreste der „Abtsmühle", die keinen Besuch mehr wert sind. Die 1371 erstmals genannte „Furthmühle" in Pram ist das letzte und einzig erhaltene Beispiel einer von ehemals 43 Pram-Mühlen am Oberlauf der Pram. Über Jahrhunderte war sie ein bedeutender Landwirtschafts- und Gewerbebetrieb mit über 140 Mahlbauern aus 12 Gemeinden, einer Lohn- und Handelsmühle aus der Zeit um 1900, mit moderner Mühlen-, Sägewerks- und Antriebstechnik aus dieser Zeit.

Heute präsentiert sie sich als stattliches Ensemble mit Mühle, Säge und Nebengebäuden wie Venezianersäge und Backhaus. Das Ausstellungsthema „Vom Korn zum Brot" bietet den Besuchern Wissenswertes zu Getreidearten, Mehlerzeugung und Brotbacken. Die technische Ausstattung stammt aus der Zeit von 1898 bis 1930. Gezeigt werden ein vier Meter großes Wasserrad, eine 210 PS starke Dampfmaschine, zwei Dieselmotoren (Baujahr 1925 und 1927) und sogar eine Francisturbine.

21 Friedburg
Ein Eifersuchtsdrama mit tödlichem Ausgang

INFOS & TIPPS

ANFAHRT
Die Gemeinde Lengau, zu der sowohl Friedburg wie auch Heiligenstatt gehören, liegt an der B147, südlich des Kobernaußerwaldes.

INFORMATIONEN
Gemeinde Lengau,
Salzburger Straße 9,
5211 Friedburg,
+43 (0) 7746/2202-0,
gemeinde@lengau.ooe.gv.at,
www.gemeinde-lengau.at

In Friedburg stand einst auf einem Hügel eine riesige Burg, die im 14. Jahrhundert dem gräflichen Brüderpaar Hans und Konrad Kuchler gehörte. Konrad, der jüngere Bruder, heiratete Katharina von Ortenburg, eine schöne Grafentochter aus der Gegend um Mattighofen. Er liebte sie sehr und war sehr traurig, als er für Herzog Heinrich von Bayern in den Krieg ziehen musste und längere Zeit fortblieb. Hans war seiner Schwägerin nicht abgeneigt und bald entstand eine heimliche Liebesbeziehung der beiden, und es war unvermeidbar, dass die Bediensteten davon Kenntnis bekamen.

Katharina blieb manchmal über Nacht in ihrer Heimatstadt in Mattighofen, wo sie mit einem schwarzen Ritter gesehen wurde, den sie eines Nachts sogar auf die Friedburg mitnahm. Ein Stallbursche erzählte davon in jener Nacht dem Hans, der von einem längeren Ausritt zurückkam. Voll Eifersucht stürmte er in die Gemächer und sah tatsächlich einen fremden Mann im Schlafgemach seiner Geliebten. In seinem Zorn zog er den Dolch und erstach den schlafenden Fremden. Katharina hatte keine Chance, ihren rasenden Liebhaber an dessen Tat zu hindern. Hans packte den Toten

und warf ihn aus dem Fenster in den Wald. Erst als der Wütende Katharina zur Rede stellte, erfuhr er, dass er seinen eigenen Bruder ermordet hatte. Konrad hatte sich immer wieder heimlich von seinem Kriegsheer davongestohlen, wenn es in der Gegend lagerte, um eine Nacht mit seiner Frau verbringen zu können. Katharina zog sich aus Trauer in das Frauenkloster Reichersberg bei Braunau zurück. Hans verstarb Jahre später einsam und verbittert. So starb das Geschlecht der Kuchler aus.

Auf dem Schlossberg in Friedburg

Eine weitere Sage, die mit den Kuchlern verknüpft ist, spielt in Heiligenstatt, einer kleinen Ortschaft zwischen Mattighofen und Friedburg.

Als dieser Ort noch nicht besiedelt war und nur hier und da ein Bauernhof an einem der nahen Wälder stand, entdeckte eine fromme Frau bei einer Buche eine große Hostie liegen, eine Oblate als Symbol für das heilige Mahl und den Leib Christi in der katholischen Kirche, das bei der Kommunion verteilt und gegessen wird. Diese Hostie ließ sich aber nicht aufheben. Erst als die Frau einen Priester holte und dieser den Platz als heilige Stätte erkannte, konnte die Hostie aufgehoben werden. So wurde an diesem Ort die Kirche Heiligenstatt erbaut. Angeblich wurde bei der Weihe unter dem Altar die große Hostie hinterlegt. Als Hans Kuchler von einem Kreuzzug nach Jerusalem mit einer Reliquie des Kreuzes Christi, einem Holzpartikel, zurückkam, versuchte er, es in zwei Teile zu spalten, um sowohl in der neu gegründeten Kirche als auch in der Kirche in Mattighofen eine Reliquie aufbewahren zu können. Doch kaum hatte er mit seiner Absicht begonnen, begann das kleine Holzstück zu bluten. So ließ er das ungeteilte Stück mit

Kirche in Mattighofen

Rechte Seite oben: Innenansicht der Pfarrkirche Heiligenstatt
Rechte Seite Mitte: Monstranz mit Kreuzpartikel

dem heiligen Blut in dieser Kirche zurück. Deshalb wurde die Kirche auch früher Heiligenblut genannt.

DIE SCHAUPLÄTZE: Die Friedburg in der Gemeinde Lengau im Innviertel wurde bereits 1180 erstmals urkundlich erwähnt. 1377 wurden die Herrschaft und die Burg von den Brüdern Konrad und Hartneider Kuchler erworben. Hartneider war mit Katharina von Ortenburg verheiratet. Die Ehe blieb kinderlos und auch Konrad blieb ohne Nachkommen. Das Ehepaar wurde in der Kirche in Mattighofen begraben und im Eingangsbereich sind die alten Grabplatten noch heute zu sehen. Testamentarisch wurde bestimmt, in Mattighofen ein Kollegiatstift zu gründen, das ist ein Stift, das von weltlichen Priestern geführt wird.
Auf dem Weg von Mattighofen nach Lengau liegt kurz vor Friedburg direkt an der Straße die Kirche Heiligen-

Grabplatten in der Kirche von Mattighofen

statt. Betritt man das Kircheninnere, so findet man an den Wänden beide Sagen schriftlich erwähnt, und große Deckenfresken von Adam Müller interpretieren die beiden Ereignisse bildlich. Das Kreuzpartikel wurde in einer Monstranz gefasst und wird einmal im Jahr am Sonntag um den 14. September zum Fest der Kreuzerhöhung gezeigt und Segen damit gespendet. Die Hostie kann es natürlich nicht mehr geben. Die Kirche ist nur bei Kirchenfeiern geöffnet, wie zum Beispiel alle zwei Wochen zur Sonntagsmesse.

Zwei Kilometer weiter östlich auf der B147 liegt Friedberg, wo sich nach der Ortseinfahrt links der Pfarrhof befindet. Von dort aus führt eine steile und schmale unbefestigte Straße hinauf zur ehemaligen Burganlage, die heute nicht mehr sichtbar ist. Am besten nutzen Sie einen der vielen Wanderwege, die vom Verein für Dorferneuerung angelegt wurden. So gibt es einen Sagen-Wanderweg, auf dem man in ungefähr 20 Minuten vom Pfarrhof aus den Schlossberg erreicht. Anhand von Tafeln, die in Zusammenarbeit mit der Volksschule Friedburg erstellt wurden, wird die Brudermordsage in kindlichen Bildern und Texten anschaulich erzählt. Der Schlossberg bietet einen empfehlenswerten Platz zum Verweilen mit Ausblick auf die Umgebung. An Tafeln und Steinen finden sich Informationen zur Geschichte der Burg, und es besteht die Möglichkeit, auf mehreren Wegen weiterzuwandern.

Deckenfresko zur Hostienfindung

22 Braunau
Eine Falltür, die es nicht gab

INFOS & TIPPS

ANFAHRT
Braunau liegt an der B148, die Herzogsburg befindet sich in der Altstadt, nördlich der Stadtpfarrkirche.

INFORMATIONEN
Stadtamt Braunau, Altstadt 10, 5280 Braunau, +43 (0) 7722/808 237, bezirksmuseum@braunau.ooe.gv.at, www.tourismus-braunau.at
Öffnungszeiten: Mai–September: Di–Sa 14.30–17.00 Uhr, Juli und August: Di–Sa 10.00–12.00 und 14.30–17.00 Uhr, Oktober–April: Di–Sa 13.30–17.00 Uhr

Die folgende Geschichte trug sich um 1840 in der Herzogsburg in Braunau zu, die zwar ursprünglich zur Abwehr errichtet wurde, aber zu diesem Zeitpunkt als Magazin diente.

Mitte des 19. Jahrhunderts war ab dem Einbruch der Dämmerung ein Nachtwächter durch Österreichs Städte unterwegs, um für die Sicherheit der Bevölkerung zu sorgen. Bei seinen Rundgängen kam er oft an der Herzogsburg vorbei. Eines Nachts bemerkte er, wie das Tor an der Burg knarrte und sich öffnete. Er war verwundert, da er wusste, dass hier niemand wohnte. Da sah er einen groß gewachsenen Ritter aus dem Eingang heraustreten. Hinter ihm stiegen noch weitere durch eine Falltür aus dem Boden. Der Nachtwächter war so irritiert, dass er kaum wahrnahm, dass die Ritter nach ihrem Erscheinen sofort verschwanden. Bald war der Spuk vorbei und das Tor wieder verschlossen. Am nächsten Morgen eilte der Mann sogleich zur Herzogsburg, um bei Tageslicht zu prüfen, an welcher Stelle sich die Falltür wohl befand. Er suchte den Boden ab, konnte aber nicht einmal ein kleines Loch im Boden entdecken. In der zweiten Nacht beobachtete er dasselbe Geschehen wieder. Er erzählte seinen Freunden davon. Diese berichteten ihm, dass angeblich vor vielen Jahren in dieser Burg einige Ritter lebend eingemauert worden waren. Weshalb und wo genau, wüsste niemand. Ein Knecht, der zugehört hatte, ging mit dem Nachwächter eine Wette ein, dass er bis zu drei Nächte hinter dem Tor verbringen werde, denn er glaubte nicht an Geister. Erst in der dritten Nacht öffnete sich die geisterhafte Falltür wieder, und aus dem Boden stiegen die Ritter einfach über den dort kauernden Knecht hinweg. Am nächsten

Morgen konnte sich der nächtliche Beobachter nicht mehr von seinem Platz rühren. Der Nachwächter musste den Mann bergen, der sich von seinem Schreck nicht mehr ganz erholte.

Links: Das Geistertor der Herzogsburg in Braunau
Rechts: Lebensgroße Figur von Hans Steininger

DER SCHAUPLATZ und ein wichtiges Ausstellungsstück mit seiner Geschichte: Die aus dem 15. Jahrhundert erhaltene Herzogsburg in der Altstadt wurde 1973 von der Gemeinde angekauft und als Stadtmuseum eingerichtet. Das linke Tor war der ehemalige Eingang vor über hundert Jahren. Dahinter befindet sich die älteste Darstellung des Braunauer Wappens auf einem Relief, das von „Wilden Männern" gehalten wird. Die Falltüre sucht man auch heute vergeblich. Berichte von den geisterhaften Rittern gibt es seither keine mehr. Obwohl im zweiten Stock ein Skelett zu sehen ist, wurden die eingemauerten Ritter selbst bei Grabungen nicht entdeckt.

In den Räumen des Stadtmuseums ist neben vielen Ausstellungsstücken noch etwas zu entdecken. In einer Vitrine im 2. Geschoß sind die Reste eines langen Bartes aufbewahrt, der über vierhundert Jahre alt ist. Es handelt sich um die Gesichtshaare des Hanns Stainiger (in anderer Schreibweise Hans Steininger), eines „siegelmäßigen Bürgers" der Stadt. Er war Kaufherr, Mitglied des Inneren Rates und Stadthauptmann zu Braunau und stand unter

Der originale Bart Hans Steiningers

dem besonderen Schutz des Kaisers. Er war also eine hoch angesehene Persönlichkeit. Die Besonderheit: Die Länge des Bartes beträgt zwei Meter, was seinen Träger weit über die Grenzen bekannt machte. Steininger trug seinen Bart meist in einem Beutel aus Samt oder er machte zwei Zöpfe daraus, die er sich um die Füße wickelte. Dieser besondere Haarwuchs wurde ihm letztendlich auch zum Verhängnis. Mehrere Geschichten ranken sich um seinen Tod. Die meistverbreitete Version lautet, dass er auf der Flucht vor einem ausgebrochenen Feuer über seinen Bart stolperte, eine Stiege hinabstürzte und sich das Genick brach. Ebenfalls wird erzählt, dass er sich beim Absteigen vom Pferd mit seinem Bart im Steigbügel verhedderte und deshalb tödlich stürzte. Vor kurzem wurde eine Geschichte bekannt, in der er angeblich in der Residenz in München fast über eine Stiege gestürzt wäre, da er einem hübschen Mädchen nachsah. Seither wird diese Treppe dort die „Hans Steininger Stiege" genannt. Verbrieft ist, dass der berühmte Mann 1567 in Braunau starb. Die kunstvoll ausgeführte Grabplatte mit seiner lebensgroßen Abbildung befindet sich an der Nordwand der Braunauer Stadtpfarrkirche. Auch am Rathaus befindet sich eine Darstellung des berühmten Sohnes der Stadt. Der Bart wurde dem Toten abgenommen, konserviert und ausgestellt. Eine im Eingangsbereich des Museums aufgestellte, neu geschaffene Figur verdeutlicht die Gestalt des ungewöhnlichen Braunauers, der laut Guinness Buch der Rekorde vom 16. Jahrhundert bis 1979 der Mann mit dem längsten Bart der Welt war. Erst danach wurde er von anderen abgelöst, heute ist Sarwan Singh aus Kanada der Rekordhalter. Nach mehrfachem Kämmen kam der Bart auf eine Länge von 2,33 m.

Das Museum bietet spezielle erlebnisreiche Führungen für Kinder bzw. Schulen an. Manche Ausstellungsstücke sind mit einem QR-Code ausgestattet, so können zusätzliche Infos über ein Handy oder ein vom Museum zur Verfügung gestelltes Tablet abgerufen werden.

Vöcklabruck
Der feste Griff der Madonna

23

Die Wallfahrtskirche „Mariä Himmelfahrt", heute als Schöndorfer Kirche bekannt, stand in früheren Zeiten in der Mitte der Stadt. So groß soll damals Vöcklabruck gewesen sein. In diesem Gotteshaus befand sich einst eine große Marienstatue auf dem Altar, die an einem ihrer Finger einen echten wertvollen Ring hatte. Ein Dieb wollte sich dieses Schmuckstück holen, wartete für sein Vorhaben einen günstigen Zeitpunkt ab und stieg auf den Altar. Als er nach dem Ring griff, schlossen sich die Finger der geweihten Figur um sein Handgelenk. Der Dieb war gefangen, so viel er auch zog und werkte. Als am Abend der Pfarrer die Kirche abschließen wollte, bemerkte er eine Bewegung am Altar. Sofort holte der Kirchenmann die Wachen und erst jetzt ließ das Bildnis den Gefangenen los.

Viele Geschichten, die meist nur in Fragmenten überliefert wurden, ranken sich um diesen Platz.

Die Glocke im Turm hatte einen so hellen und lauten Klang, dass man sie sogar noch in Wels hören konnte.

Gänge unter der Kirche sollen einmal bis nach Oberthalheim und zur Strauberkapelle geführt haben, und auch zum Stadtturm soll es eine Verbindung gegeben haben. Alte Leute berichteten, dass ihre Großeltern von den Untersberger Mandln (Männern) aus dem Salzburger Land erzählten, die wie Wallfahrer in unterirdischen Gängen bis hierher kamen und Lieder sangen. Zu Kriegszeiten boten diese Gänge vielen Menschen Zuflucht und Schutz vor dem Feind.

INFOS & TIPPS

ANFAHRT
Vöcklabruck liegt an der B1, ca. 37 km südwestlich von Wels. Zur Wallfahrtskirche Maria Schöndorf fährt man mit dem Auto von der Gmunderstraße stadtauswärts, über die Linzerstraße und biegt rechts in die Friedhofsstraße ein, von wo man zur Kirche gelangt. Für Fußgänger führt ein Weg von der Linzerstraße auf die kleine Anhöhe.

ÖFFNUNGSZEITEN
08.00–17.00 Uhr Gottesdienste: Sa (Mai bis Oktober) 19.15 Uhr, So 09.15 Uhr
Stadtmarketing Vöcklabruck im Tourismusbüro, Graben 8, 4840 Vöcklabruck, +43 (0) 7672/26644
office@voecklabruck.info

Doppelturm (oben) und Altarraum der Schöndorfer Kirche (unten)

DER SCHAUPLATZ: Dieses Gotteshaus ist Vöcklabrucks ältestes – die erste Erwähnung stammt aus dem 9. Jahrhundert – und war lange Zeit auch die Stadtpfarrkirche. Mit seinen zwei hintereinander angeordneten Türmen ist es wohl einzigartig in Österreich und diese Doppelung kam so: Zu Beginn des 16. Jahrhunderts wurde der mächtige Westturm, der nie seine vorgesehene Höhe erreichte, angebaut. Der schmächtigere Turm sollte geschleift und die dadurch entstandene Lücke mittels Verlängerung des Langhauses zum mächtigen Westturm geschlossen werden. Aus wirtschaftlicher Not und durch die Erschütterungen der Reformationszeit konnte dieses Vorhaben jedoch nicht realisiert werden. Die Sakristei wurde zu Beginn des 18. Jahrhunderts errichtet.

Die zwei ältesten Kirchenglocken stammen aus dem Jahr 1495. Ob es die besagte Marienfigur noch gibt, weiß niemand, die Statue auf dem sonst neugotischen Altar wurde im 15. Jahrhundert angefertigt. Die vielen unterirdischen Gänge konnte bis heute niemand finden, aber wer weiß, vielleicht öffnet sich irgendwo doch noch einer. Die Strauberkapelle ist jedenfalls verbürgt und befand sich dort, wo heute das Landeskrankenhaus ist.

Vöcklabruck
Vom Losenstehn

24

Das sogenannte „Losenstehn" (auch Kreisstehen) war ein in Oberösterreichs Kulturgeschichte von Unerschrockenen oft geübter Brauch, der dazu dienen sollte, in die nahe Zukunft zu sehen. Und das geht so: In einer Raunacht – das sind die Nächte zwischen 14. Dezember und 6. Jänner – stellt sich der Proband an eine Kreuzung, „wo drei Wege auseinandergehen, drei Herrengründe aneinanderstoßen oder zwei Wegkreuze, auf denen die Leichen aus zwei Pfarren übers Kreuz getragen werden, ist der rechte Ort".* Nun zieht er mit einem Weiden- oder Haselnusszweig einen großen Kreis um sich. Der Kreis muss groß genug sein, dass man von Personen außerhalb des Kreises nicht erreicht werden kann. Und so Gott will, wird einem ein Eindruck auf das Kommende gewährt. „Nun erscheint der Teufel auf einem brennenden Heufachtel, das in den Kreis zu fallen droht, wilde Pferde und schwarze Hunde sprengen daher, Katzen drohen dem Mann ins Gesicht zu springen. Lässt er sich dadurch aus dem Kreis drängen, ist er verloren und dem Teufel verfallen."

Der Hacklbauer aus Zeiling bei Gampern war ein Kreissteher und wollte wissen, was das beginnende Jahr bringen würde. Kaum hatte er den Kreis geschlossen, tauchte der Teufel auf und wollte ihn herauslocken. Der Hacklbauer ließ sich aber nicht aus der Ruhe bringen und konzentrierte sich ganz auf seine Sache. Der Teufel zog erfolglos ab, und der Bauer hörte es plötzlich über sich knistern und knacksen, als ob er inmitten eines großen Feuers stehen würde. Er hatte einen schlimmen Brand in der nahen Stadt Vöcklabruck vorausgesehen.

INFOS & TIPPS

Stadtgemeinde Vöcklabruck, Klosterstraße 9, 4840 Vöcklabruck, +43 (0) 7672/760-0, stadtamt@voecklabruck.at, www.voecklabruck.at

HEIMATMUSEUM
Öffnungszeiten: Mai bis September: Mittwoch und Samstag 10.00–12.00 Uhr, Oktober bis April nur am Mittwoch

* Oberösterreichisches Sagenbuch, Albert Depiny, Hg., Linz 1932, S. 195–198

Bild vom Brand in Vöcklabruck

Heimathaus in Vöcklabruck

DER SCHAUPLATZ: Den schlimmen Brand in Vöcklabruck gab es wirklich. Am 17. Juni 1765 wurde ein Haus in der Vorstadt durch Blitzschlag entzündet. Eine Feuerwehr gab es damals in der Stadt noch nicht, und so brannten schließlich neun Häuser in der Vorstadt nähe der heutigen Gmundner Straße völlig nieder. Es hätte noch mehr Häuser treffen können, was die Vöcklabrucker als göttliches Zeichen sahen. Sie spendeten zum Dank für die Verschonung der restlichen Stadt ein Ölgemälde, das heute noch im 1. Stock des Heimathauses Vöcklabruck zu sehen ist. Über der brennenden Stadt sind die Jungfrau Maria, der heilige Florian und der heilige Donat abgebildet. Darunter stehen in alter Schrift sogar die Namen derer, dessen Häuser niedergebrannt sind, wie zum Beispiel „Braitenthalers Fleischhacker". Schlimmere Brände gab es Jahrzehnte später noch mehrere.

Das Heimathaus Stadtmuseum Vöcklabruck befindet sich in der Nähe des oberen Stadtturmes in der Hinterstadt 18. In einem über 500 Jahre alten Gebäude sind auf drei Stockwerken und in einem kleinen Keller unzählige Exponate zur Geschichte der Stadt Vöcklabruck und ihrer Umgebung ausgestellt. Man meint von außen ein winziges Museum zu betreten und ist über die Vielfalt und Menge der Themen und Ausstellungsstücken positiv überrascht.

Ein zweites Bild in diesem Heimathaus illustriert eine Geschichte aus der 6 km entfernten Gemeinde Regau, die im nächsten Kapitel erzählt wird.

Regau
Kein Platz für eine Kirche

25

Die Oberregauer wollten einst eine Kirche auf einer Wiese in Kropfhueb bei Regau an einer Stelle erbauen, die in vorchristlichen Zeiten als Opferplatz diente. Die Grundfesten des Kirchenschiffes waren schon errichtet, da stürzten über Nacht die Mauern ein. Die Arbeiter dachten an einen böswilligen Streich irgendwelcher Unholde, bauten die Mauern erneut auf und bewachten nächtens die Baustelle. Um Mitternacht mussten die Männer hilflos zusehen, wie das Aufgebaute von allein einstürzte. Die Oberregauer standen tags darauf ratlos vor den Trümmern, als plötzlich ein Stiergespann mit einer Steinfuhre durchbrannte. Die Tiere liefen trotz der schweren Last einen Hang hinauf und blieben oben stehen, als ob jemand sie hinaufgeführt hätte. Die Arbeiter rannten hinterher und begutachteten die Stelle, an der das herrenlose Fuhrwerk stand. Der Boden war auch hier für ein Bauwerk geeignet und man sah dies als Zeichen des Himmels. Nun wurde die Kirche auf dieser Anhöhe erbaut, wo sie heute noch steht.

INFOS & TIPPS

ANFAHRT
Regau liegt an der B145, A1-Autobahnabfahrt Seewalchen, Oberregau 2 km weiter östlich.

INFORMATIONEN
Pfarrer Kons. Rat
Franz Hörtenhuber,
4844 Regau,
+43 (0) 7672/23105
In der Wallfahrtskirche Oberregau finden die Gottesdienste von Mai bis August jeweils am Samstag um 19 Uhr statt, und nur zu diesen Zeiten ist die Kirche geöffnet.

Biedermeierliche Darstellung über die Errichtung der Kirche in Oberregau, Heimathaus Vöcklabruck

Die Vituskirche in Oberregau

DER SCHAUPLATZ: Kropfhueb am Tiefenweg ist ein altes, nun verlassenes Bauerngut, das in der Nähe der Autobahnabfahrt liegt. Dort heißt die Wiese auch noch Kirchenwiese. Oberhalb von Oberregau ist mitten im Wald bereits die kleine Kirche zu sehen. Das gotische Gotteshaus, das später mit einer barocken Flachdecke ausgestattet wurde, ist dem heiligen Vitus – deutsch: *Veit* – geweiht, dessen Hinrichtung auf dem Bild rechts neben dem Altar zu sehen ist. Veit ist einer der 14 Nothelfer der katholischen Kirche und sein Gedenktag ist der 15. Juni. Da dieser Termin in die Zeit zwischen Saat und Ernte fällt, gibt es zahlreiche Bauernregeln, die sich auf den Heiligen beziehen, wie zum Beispiel: „Ist zu St. Vitus der Himmel klar, gibt es ein fruchtbares Jahr."

Ried im Innkreis
Ein Schuh als Banner

26

Viele Geschichten, Sagen und Mythen haben sich rund um die Geschicke der Kreuzritter in den Kreuzzügen zwischen dem 11. und 13. Jahrhundert erhalten. Weit war der Weg ins heutige Israel und grausam waren die Kämpfe, und insgesamt sieben Kreuzzüge zählte man, die alle das Vordringen des Islam nach Europa verhindern sollten.

Dem Ersten Kreuzzug war ein Hilferuf des damaligen Herrschers von Byzanz um militärische Unterstützung gegen die Seldschuken, die Anatolien unterworfen hatten, vorausgegangen. Am 27. November 1095 rief Papst Urban II. die Christen zum Kreuzzug in das „Heilige Land" auf. Urban II. forderte, die dort ansässigen Muslime zu vertreiben und in Jerusalem die den Christen heiligen Stätten in Besitz zu nehmen.

In den Jahren 1189 bis 1191 fand der dritte Kreuzzug statt. Graf Eckart war mit seinen Rittern und Untertanen im Kampf gegen die Eroberer von Jerusalem. Jedes Heer hatte seine Flagge, sein Banner, was damals das wichtigste Erkennungszeichen für die Krieger war. Für dieses Banner und für das Christentum waren sie in den Krieg gezogen. Es geschah jedoch, dass genau dieses Banner verloren ging, was fast eine Niederlage bedeutete. Unter den einfachen Kämpfern war Dietmar, ein junger Müllersohn aus der Gegend des heutigen Innviertels, der eine rettende Idee hatte: Er zog seinen Bundschuh aus, ein typisch mittelalterlicher Schuh, steckte ihn auf eine Lanze, hielt sie hoch und forderte lauthals seine Kameraden auf, in den Kampf zu ziehen. Sein Trick funktionierte und so wurde der einfache Soldat zum Bannerträger. Diese Schlacht

INFOS & TIPPS

ANFAHRT
Ried im Innkreis liegt 35 km nördlich von Vöcklabruck an der Kreuzung B141/B143.

INFORMATIONEN
Museum Volkskundehaus, Kirchenplatz 13, 4910 Ried im Innkreis, +43 (0) 7752/901-301, kultur@ried.gv.at, www.ried.at

ÖFFNUNGSZEITEN
Di–Fr 09.00–12.00 und 14.00–17.00 Uhr, Sa 14.00–17.00 Uhr

TIPP
Im Innviertler Volkskundehaus kann man sich in der stadtgeschichtlichen Ausstellung noch weitere Informationen zu historischen Begebenheiten der Stadt holen.

Stadtplatz mit Dietmarbrunnen (oben) und Hufeisen (unten)

Rechte Seite: Schloss Ort in Gmunden am Traunsee

konnte das Heer von Graf Eckart für sich verbuchen. Letztendlich aber war der dritte Kreuzzug erfolglos. Als Belohnung für seine Tapferkeit wurde Dietmar zum Ritter geschlagen und erhielt ein Stück Land, auf dem er bald zu bauen begann – der Grundstein von Ried war damit gelegt.

DER SCHAUPLATZ: Am Stadtplatz von Ried im Innkreis wurde zur Erinnerung an diese Geschichte der Dietmarbrunnen errichtet: Auf einer Säule ist Dietmar mit seiner Lanze und dem Bundschuh als Banner zu sehen. An dieser Stelle stand einst ein einfacher Schöpfbrunnen, aus dem die Bewohner der mittelalterlichen Stadt ihren Wasservorrat holten. Das steinerne Bildnis des Ortsgründers wurde 1655 vom Rieder Bildhauer Veit Adam Vogl angefertigt. Und auch im Rieder Wappen ist ein Bundschuh als Hinweis auf die Gründersage verewigt, wie am Rathaus zu sehen ist.
Im nahen Umfeld des Brunnens kann man ein in den Boden eingelassenes Hufeisen entdecken, das an die Anwesenheit Napoleons in Ried in den Jahren 1805 und 1809 erinnert. Im Landrichterhaus am Stadtplatz bezog er Quartier. Ein großes „N" prangt als Zeichen auf der Hausmauer des Gebäudes. Napoleons Pferd hat hier in Ried sein Hufeisen verloren, und als wäre es gestern gewesen, kann man es bewundern. Ein kleines Suchrätsel für Kinder und Jugendliche: Wo ist das Hufeisen von Napoleon? Und schon wird der Platz um den Brunnen von suchenden Kindern belebt. Und für den Leser gibt es hier mit dem Foto eine kleine Hilfe.

Im Salzkammergut, da kann man gut … Sagen aufspüren

Blick zur Drachenwand am Mondsee

Im Salzkammergut tauchen viele bekannte Sagengestalten auf: Nixen und Riesen, Zauberer und Waldfrauen, aber auch unzählige Heilige und fromme Menschen.

Wir beginnen unsere Sagenreise in der Gemeinde **Attersee am Attersee,** wie sie seit wenigen Jahren heißt, wo wir ein ganz besonderes Gnadenbild in der Kirche aufsuchen, hoch über dem farbenreichen See. Anschließend geht die Fahrt nach Weißenbach über **Schörfling,** wo wir uns auf die Spur einer Nixe im Wasser beim **Nixenfall** begeben. Diese Runde beansprucht ca. 27 km. In Schörfling können Kunstfreunde einen kurzen Stopp beim **Klimtzentrum** einlegen. Am Weg nach Steinbach gibt es viele Stellen, wo sich ein Sprung ins kühle Nass lohnt. Doch schon lädt ein weiterer See dazu ein, eine spannende Geschichte zu verfolgen. Dazu müssen wir aber noch vorher nach Oberwang nördlich von Loibichl, denn die dort angesiedelte Sage steht in di-

St. Wolfgang, von der Salzburger Seite aus gesehen

rektem Zusammenhang mit der Gemeinde **Mondsee.** Nach einer kleinen Wanderung in Oberwangs Wäldern fahren wir 14 km zurück an den Mondsee, wo vor allem die Basilika Makabres bietet. Der idyllischen **Irrsee,** 7 km weiter nördlich, mit **Zell am Moos** und einem sagenhaften Garten sollte nicht ausgelassen werden. Fast 40 km sind es dann bis **St. Wolfgang am Wolfgangsee.** Es gäbe natürlich auch die Möglichkeit, die von uns beschriebene Wallfahrt des heiligen Wolfgang nachzuvollziehen. Dazu lässt man das Auto vor **St. Gilgen** stehen und wandert den wirklich steilen Weg auf den **Falkenstein** hinauf. Die Strecke führt schließlich steil bergab nach St. Wolfgang, wo der Pilger nach St. Gilgen mit dem Schiff zurückfahren kann. Dafür braucht man aber einen ganzen Tag. Von St. Wolfgang aus benötigt man aber auch mindestens einen halben Tag für die Legendenwanderung auf den Falkenstein und die Besichtigung der Kirche. Die Mühe des Aufstieges wird auf jeden Fall belohnt. Wenn nicht gleich, dann in einem anderen Leben.

Nun wollen wir wirklich hoch hinaus und begeben uns auf den **Krippenstein.** Dazu fahren wir 43 km an Bad Ischl und **Hall-**

Gmunden-Traunsee: Steg zum Schloss Ort

statt vorbei nach Obertraun zu den Seilbahnen der **Dachstein Gletscherbahn.** Wer neben einer Sagenwanderung auch die **Eis- und Mammuthöhle** besuchen möchte, sollte am frühen Nachmittag bei den Höhlen sein. Am Krippenstein werden verschiedene Fahrten wie die Vollmond- oder Sonnenaufgangsfahrten angeboten – ein Erlebnis, das zum Wiederkehren einlädt.

Auf der Rückfahrt machen wir halt im 27 km weiter nördlich gelegenen **Bad Ischl.** Dort gehen wir an der Esplanade spazieren und besuchen das Museum der Stadt. Eine Stärkung im legendären Café Zauner sollte nicht fehlen, das im Sommer auch direkt an der Traun seine unvergleichlichen Spezialitäten anbietet. Wer sich auf Kaisers Spuren begeben möchte, auf die wir hier nicht eingehen können, dem seien die entsprechenden Angebote der Stadt empfohlen (badischl.salzkammergut.at).

Weitere 33 km weiter nördlich drehen wir eine Runde um die kleine Insel im Traunsee, wo **Schloss Ort** steht. Wir betrachten die schlafende Griechin, und wer wandern will, sollte sich zum Laudachsee begeben, in dem die Nixe ihren ewigen Frieden fand. Wir genießen die Landschaft und den See, der wildromantisch zwischen Katzenstein, Traunstein und Grünberg eingebettet liegt. Zu guter Letzt sehen wir uns den zauberhaften **Almsee** an, der ebenfalls in einem beeindruckenden Naturgebiet liegt, mit einem Abstecher zum **Wildtierpark Grünau.** Fast jede dieser Touren bietet allein für einen ganzen Tag genügend Attraktionen und Möglichkeiten. Fahren Sie einfach drauflos, Sie werden öfters hierherkommen wollen!

Attersee – St. Georgen
Das blutende Marienbild

27

In der Kirche in St. Georgen im Attergau waren einst Plünderer am Werk, die viele wertvolle Gegenstände aus dem Gotteshaus stahlen. Unter den entwendeten Objekten war auch ein Gemälde, das die Muttergottes mit dem Jesusknaben darstellte. Das Bild kam aus ungeklärten Gründen zu einem Bauern, der nicht recht wusste, was er damit anfangen sollte. Er war nicht katholisch und erkannte darin keinen Wert, deshalb verwendete er es als Verschlussbrett für den Hühnerstall. Doch das Bild verweigerte seinen Dienst als Hühnertor und lag jeden Morgen am Boden. Die Bäuerin, die es schon viele Male aufgestellt hatte, wurde wütend und schlug zweimal mit einer Axt darauf ein. Doch das Werkzeug fiel ihr aus der Hand – und das Bild begann an den Einschlagstellen zu bluten. Der Frau wurde angst und bang, da warf sie das Bild in den nächstgelegenen Wald. Dort wurde es von einem Bauern aus Attersee bei der Waldarbeit gefunden. Er nahm es mit zum Pfarrer, der es reinigte und die blutenden Striemen entdeckte, die sich nicht mehr wegwischen ließen. Der Priester weihte es und ließ es in der Pfarrkirche in Attersee anbringen.

INFOS & TIPPS

ANFAHRT
St. Georgen im Attergau und Attersee am Attersee liegen 5 km voneinander entfernt an der L540. A1-Autobahnabfahrt St. Georgen – den Berg zum Ort Attersee hinunterfahren – auf Höhe der Atterseehalle links die Straße immer geradeaus, bis man die Kirche sieht.

INFORMATIONEN
Die Pfarrkirche ist das ganze Jahr über für Andachten und Besichtigungen frei zugänglich.
www.dioezese-linz.at/attersee
Gemeinde Attersee am Attersee, Nußdorferstraße 15, 4864 Attersee am Attersee,
+43 (0) 7666/7755-72,
gemeinde@attersee.ooe.gv.at, www.attersee.ooe.gv.at

DER SCHAUPLATZ: Die Pfarrkirche Maria Attersee steht auf einem Hügel über der Gemeinde Attersee am Attersee. Sie wurde auf den Grundmauern einer ehemaligen Burgkapelle errichtet und 1010 erstmals urkundlich erwähnt. Der heutige Kirchenbau stammt aus dem 14. Jahrhundert, in den Pfarrer Anton Balster 1652 das Gnadenbild „Maria in der Sonn" von Sankt Georgen nach Attersee brachte und die frühere gotische Schlosskirche zu einer barocken Wallfahrtskirche ausbauen ließ.

Pfarrkirche in Attersee am Attersee (oben und unten rechts)

Kopf und Grabplatte von Pfarrer Balster

Das Marienbild mit den roten Striemen ist am Hochaltar zu sehen. Es wird alle 50 Jahre für ein paar Tage in der Kirche von St. Georgen aufgestellt. Das letzte Mal wurde das Bild am 15. August 2002 in einer feierlichen Prozession von Attersee nach St. Georgen getragen und am 8. September (Maria Geburt) zurückgebracht. Der nächste Wechsel des Standortes für ein paar Tage wird also 2052 stattfinden. Wenn man hinter der Kanzel in die linke Seitenkapelle und dann nochmals links durch die Glastür geht, kann man in der Mauer die Grabplatte und eine kleine Büste von Pfarrer Anton Balster sehen, der bei seinem Bild begraben werden wollte.

Attersee
Der Attersee und seine Nixe

28

In einer Zeit, in der die Gegend rund um den Attersee wenig besiedelt war, lebte in den Tiefen des Wassers eine Nixe, von der Bevölkerung Adhara genannt. Sie wurde vor allem von den armen und notleidenden Menschen geschätzt, da sie ihnen wertvolle Edelsteine ans Ufer legte. Der Verkauf der Mineralien bot den Atterseern eine Einkunftsquelle in Notzeiten. Doch im Lauf der Jahre stieg sowohl die Zahl der Einheimischen wie jene der Besucher dieser Region immer an. Somit kamen auch Neid und Missgunst an den romantischen See. Es dauerte nicht lange und die Menschen stritten sich um die abgelegten Edelsteine der Nixe. Adharas Geschenke wurden spärlicher und sie zog sich immer öfter zum Nixenfall zurück. Das ist ein eindrucksvoller Wasserfall, ein Stück vom See entfernt, den damals fast niemand kannte. Als die Menschen schließlich über die Nixe zu schimpfen begannen, stellte sie ihre Hilfe zur Gänze ein. Sie tauchte unter und wurde nicht mehr gesehen.

Um nicht in Vergessenheit zu geraten, schenkte sie dem Attersee sein Funkeln und Glitzern, ein Farbenspiel, wie es kaum auf einem zweiten See zu sehen ist. Der Name Attersee soll eine Abwandlung des Namens Adhara sein.

DER SCHAUPLATZ: Das einzigartige Glitzern des Attersees ist überall vom Ufer aus zu bewundern. Zum Wasserfall gelangt man über einen gemütlichen Wanderweg. Der Nixenfall ist kein mächtiger Wassersturz, doch fällt von ca. 50 m Höhe ein feiner Regen herab, der sich ab und zu am Felsen bricht. Sehr gut kann man sich die zarte Nixe darunter vorstellen, die das auf ihrem menschlichen Oberkörper prasselnde Wasser genießt.

INFOS & TIPPS

ANFAHRT
Von der am Südostufer gelegenen Ortschaft Weißenbach am Attersee führt nach der Abzweigung in Richtung Bad Ischl rechts eine kleine Brücke über den Bach. Hier beginnt der Weg zum Nixenfall, leicht erkennbar an den zahlreichen Wegweisern. Vor und nach der Brücke gibt es Parkplätze. Von hier geht ein meist schattiger, einfacher Wanderweg ca. 30 Minuten zum Wasserfall. Der letzte Teil des Weges ist nicht für Kinderwagen geeignet. Am Eingang der Klamm kann man auf einer Tafel die Geschichte der Nixe nachlesen (leider wegen der Schrift für Kinder schwer lesbar). Die Route ist im Internet auch auf www.bergfex.at zu finden.

INFORMATIONEN
Das OÖ Privatfernsehen LT1 hat zu dieser Geschichte einen Kurzfilm verfasst, den man sich im Internet ansehen kann. Aufrufen unter: www.LT1.at – Suchbegriff: Weidinger Erich

Attersee und Nixenfall

Gegenüber dem Nixenfall sollte eine Nixe aus Metall am Ufer des natürlichen Wasserbeckens sitzen. Sie ließe sich gerne mit Kindern und Erwachsenen fotografieren. Nur wenn die Natur, die Umwelt und die Menschen es zu arg mit ihr treiben, muss sie für unbestimmte Zeit verschwinden, um neu gestärkt (renoviert) zurückzukommen. Leider wird am Eingang der Klamm nicht auf die fehlende Nixe hingewiesen, deshalb suchen die Kinder sie vergeblich. Wann die Nixe wieder auftauchen wird, ist auch auf der Gemeinde nicht zu erfahren und bleibt vielleicht weiterhin ein Geheimnis.

In Kammer-Schörfling, am Nordufer des Sees, steht direkt in Kammer an der Straße nach Weyregg eine Skulptur der Nixe. Auf dem Sockel steht folgender Spruch:

„Gold, Silber und Geschmeid,
schenkte Adhara, die Nixe in vergangener Zeit,
des Menschen Missgunst und Neid,
verwirkten der Nixe Freigiebigkeit –
seither streut sie in den Attersee
Reichtum, Gold, Silber und Geschmeid."

Oberwang und Mondsee

Spuren und Relikte von Abt Konrad

29

Die folgende Geschichte ist ein interessantes Beispiel dafür, wie Volksglauben und historische Gegebenheiten oftmals verquickt werden. Und sie ist ein blendendes Beispiel dafür, wie Intrigen und Machtgier im 12. Jahrhundert verheerende Folgen haben konnten.

Das Kloster Mondsee, das bereits seit dem 9. Jahrhundert dem Regensburger Bischof unterstand, erlebte seit 1127, dem Jahr, als Konrad Bosinlother – ein Mönch aus der Benediktinerabtei Siegburg nahe bei Köln – als Abt die Ordensgemeinschaft leitete, eine Blütezeit. Konrad förderte nicht nur das kulturelle und geistliche Leben der Region, er erwirkte beim Papst auch das Recht zur freien Wahl des Abtes, also die Loslösung von Regensburg und unmittelbare Unterstellung der Abtei unter Rom. Der gewählte Stiftsvorstand musste allerdings jeweils vom Bischof von Regensburg bestätigt und belehnt werden. Abt Konrad forderte aber auch entfremdetes Klostergut entschieden zurück. Diese Vorgangsweise wurde Konrad zum Verhängnis.

Da dem Kloster Mondsee die Seelsorge der Pfarre Oberwang oblag, wurde es auch dem Abt zur Gewohnheit, den weitaus kürzeren Weg durch den Wald zwischen diesen beiden Ansiedlungen zum Besuch seiner Gläubigen zu wählen. Es war am 15. Jänner 1145, als sich Konrad nach der Messe in Oberwang auf den etwa vierstündigen Rückweg in sein Kloster machte. Es war einsam in dieser Gegend, der Abt ging voll des Gottvertrauens durch den dunklen Tann und bemerkte offenbar nicht,

INFOS & TIPPS

ANFAHRT
Mondsee (Ausfahrt Mondsee) und Oberwang (Ausfahrt Radau) liegen an der A1-Westautobahn 13 km voneinander entfernt.

INFORMATIONEN
Die Konradkirche in **Oberwang** ist nur in den Monaten Juli und August an den Sonntagen von 14.00–17.00 Uhr geöffnet. Terminvereinbarung im Pfarramt: +43 (0) 6233/8262
Gemeindeamt Oberwang, Oberwang 90, 4882 Oberwang, +43 (0) 6233/8217, gemeinde@oberwang.ooe.gv.at, www.oberwang.at

Der Kreuzweg in Oberwang

TIPP
Der Wanderweg nach Mondsee ist Teil des europäischen Pilgerweges Via Nova. Neben der Basilika ist der Eingang zum Heimatmuseum Mondsee, in dem sich unter anderem ein gemaltes Porträt des Abtes befindet.
Heimatmuseum Mondsee, Marschall-Wrede-Platz 1, 5310 Mondsee,
+43 (0) 6232/2895,
info@mondsee.at, mondsee.salzkammergut.at
Öffnungszeiten:
Mai–Juni: Di–So 10.00–17.00 Uhr, Juli–August: Di–So 10.00–18.00 Uhr, September: Di–So 10.00–17.00 Uhr, Oktober: Sa, So, Fei 10.00–17.00 Uhr
Parkmöglichkeiten direkt hinter Schloss Mondsee im Zentrum.

dass er beobachtet wurde. Als sich aus dem Unterholz mehrere Wegelagerer auf ihn stürzten, konnte er sich nicht mehr retten. Mit einem Schwerthieb auf den Kopf wurde dem frommen Mann das Leben genommen.

Die Mörder, die von den Pfullingern gedungen waren, jenem schwäbischen Adelsgeschlecht, das in die Machtkämpfe rund um die Lehensgüter des Klosters verstrickt waren, trugen den Erschlagenen auf einem Brett zu einer nahen Hütte im Wald, wo sie den Leichnam ablegten und zu verbrennen beabsichtigten. Die Hütte verbrannte, doch auf wundersame Weise blieb das Brett mit dem Leichnam unversehrt. Voller Angst und Ehrfurcht vor diesem Wunder flüchteten die Mörder und ließen den Ermordeten zurück. Als die suchenden Mönche von Mondsee ihren Abt im Wald fanden, entdeckten sie an der Fundstelle eine Wasserquelle, die sie nie zuvor gesehen hatten. Die trauernden Mönche brachten ihren Abt zurück nach Mondsee, wo er in der Klosterkirche bestattet wurde. Die Klosterchronik kann von einigen Wunderheilungen berichten, die an diesem Grab geschahen, und nach mittelalterlichen Berichten soll auch die Quelle im Wald heilbringendes Augenwasser führen.

DIE SCHAUPLÄTZE: Geht man in **Oberwang** links neben der Kirche vorbei Richtung Waldrand, so kommt man zur Konradkirche. Hier ist über dem Sakristeieingang das noch erhaltene Totenbrett angebracht. Die Kirche besticht in ihrem Inneren vor allem durch die Gestaltung und die Glasfenster der Künstlerin Lydia Roppold (1922–1995), die mit ihrer Mutter hier bestattet wurde.

Hinter dieser Kirche führt ein Wander- und Kreuzweg in den Wald hinauf Richtung Mondsee (Wegzeit bis Mondsee ca. 3 Stunden). Nach etwa 30 Minuten kommt man mitten im Wald zur Konradkapelle, einer überdachten Andachtskapelle,

Das Totenbrett Konrads über dem Eingang zur Sakristei

errichtet über dem Platz, an dem der Abt erschlagen wurde. Hier weisen eine Figur und große Bilder leider ohne erklärende Worte auf die Geschichte hin. Der uninformierte Wanderer wird sich über diese ungewöhnliche Andachtsstelle mitten im Wald wundern. Ein runder Deckel gibt die Heilquelle frei, die hier entspringt und vor allem bei Augenleiden helfen soll. Eine ältere Einwohnerin von Oberwang meinte, dass sie sich das grüne und manchmal schlecht riechende Wasser nicht ins Gesicht schmieren möchte.

Konradkapelle im Wald

Konradkirche in Oberwang (oben)

Die Basilika **St. Michael in Mondsee** bietet noch heute den Gebeinen des Abtes Konrad die letzte Ruhestätte. Doch nicht wie ursprünglich in einer Gruft oder einem Grab. Die originale Grabplatte wurde aufgerichtet in der Basilika in eine Säule links vom Mittelgang eingemauert. Bei der Erweiterung der Kirche wurden im 17. Jahrhundert die Gräber aufgelassen und die Gebeine des seligen Abtes mit Edelsteinen und Stoffen verziert. In dem 18 m hohen, frühbarocken Hochaltar von Hans Waldburger wurden über dem Tabernakel die Gebeine zu einer sitzenden

Abt Konrad mumifiziert und ausgestellt

Figur zusammengefügt und für eine Feier 1748 in einem siebenteiligen Reliquienschrein zur Schau gestellt. Heute noch übersehen viele Besucher der Kirche die makabre Zurschaustellung von fünf kunstvoll verzierten Skeletten. Links und rechts des im Strahlenkranz sitzenden toten Abtes, der übrigens nie heiliggesprochen wurde, befinden sich weitere aufgeputzte sogenannte Katakombenheilige, darüber eine große Zahl anderer im Lauf der Zeit erworbene Reliquien. Rechts über dem Schrein Konrads steht die Figur des heiligen Wolfgang mit einer Axt in der Hand. Dies und ein Zahn des Heiligen im Wolfgangsaltar rechts in der Mitte der Basilika weist auf eine weitere Legende hin (siehe Tour 32).

*Links: Grabplatte von Abt Konrad
Rechts: Basilika in Mondsee*

Der Mondsee
Die Drachenwand

30

Die wildromantische Umgebung des Mondsees hat das Zeug, die Fantasie ihrer Bewohner anzuregen. Deshalb gibt es auch rund um die Drachenwand eine Vielzahl an Sagen, von denen hier nur drei exemplarisch niedergeschrieben werden sollen.

In grauer Vorzeit hauste in der Felswand über dem Mondsee ein Drache, der Kühe und Schafe von der Weide weg fraß, und wenn ein Mensch dabei war, musste auch er dran glauben. So wurden oft ganze Felder von dem Ungeheuer vernichtet. Niemand wusste genau, wo das Untier seinen Unterschlupf hatte, auf der Seeseite oder in der südlichen Felsenwand, keiner hatte ihn je entdeckt, doch das Ungeheuer bedrohte den gesamten Landstrich.

Ein junger Ritter, dem die Gegend gefiel, versprach, den Drachen zu töten. Er baute auf einer felsigen Anhöhe einen Turm, um Tag und Nacht die Felswände zu beobachten und einen günstigen Augenblick abzuwarten. Irgendwann war es so weit: Der Ritter fand die Höhle des Drachen und stellte ihm eine Falle. Der Kampf war wild und schließlich ging der Mensch aus diesem ungleichen Zweikampf als Sieger hervor. Die Menschen dankten dem Drachentöter und bauten für ihn rund um den Turm eine Burg, die sie wegen der vorausgehenden Ereignisse Wartenfels nannten. Die große Felswand, die sich über dem Mondsee erhebt, wird Drachenwand genannt, da sie die Form eines Drachen mit seinem zackenförmigen Rücken hat.

Viele Generationen später, die Burg war bereits verfallen, spukte es auf der Ruine Wartenfels. Immer wieder war in den Nächten eine weiße Frau zu sehen, die versuchte, mit goldenen Schätzen Kinder und Erwachsene auf die Ruine zu locken.

INFOS & TIPPS

ANFAHRT
Die Zufahrt zur Burg Wartenfels erfolgt über Thalgau entweder über die A1, Abfahrt Thalgau, oder von Mondsee aus über die L539/L103. Von der L103 auf der L227 Richtung Forsthaus Wartenfels (8 km), einem Gasthaus, wo man parkt und von wo aus man in ungefähr 20 Minuten die Ruine ersteigen kann. Für kleine Kinder ist der Ausflug ungeeignet.

INFORMATIONEN
Das Forsthaus bietet als Spezialität eine Vielfalt an Fondues an. Erstklassiges Ambiente und gute Preise. Forsthaus Wartenfels, Restaurant: Vordereggstraße 32, 5303 Thalgau bei Salzburg, +43 (0) 6235/636455, forsthaus@wartenfels.at, www.wartenfels.at

Gasthof Drachenwand: Das 500 Jahre alte Gebäude, in dem der Gasthof untergebracht ist, wurde liebevoll und zeitgemäß adaptiert und befindet sich am Fuß der Drachenwand mit typischem Salzkammergut-Ambiente. Traditionelle Gerichte aus heimischen Produkten.

INFOS & TIPPS

Gasthof Drachenwand,
5310 Mondsee,
St. Lorenz 46,
+43 (0) 6232/3356,
drachenwand@aon.at,
www.drachenwand.at

Auch Teufelssagen gibt es rund um den Mondsee: *So holte der Böse einst eine Pfarrersköchin, die in einer Mühle bei einem lustigen Fest auftanzte. Es war die Nacht vom Faschingsdienstag auf Aschermittwoch, in der die Frau nicht aufhören wollte zu tanzen. Damit war sie ein Opfer für den Teufel, der sie packte und sich mit ihr in die Lüfte erhob. Sie schlug auf den Teufel ein und vermischte ihr Fluchen mit frommen Sprüchen. Dadurch war der Gehörnte so irritiert, dass er über dem See direkt durch den Felsen flog. Dabei entstand in der Wand ein riesiges Loch, das Teufelsloch. Die in Richtung Thalgau gelegene Mühle trägt heute noch den Namen Teufelsmühle.*
Von dieser Geschichte gibt es viele Varianten, die hier nicht alle weiter ausgeführt werden können.

Die Drachenwand mit dem Drachenloch (unten und rechte Seite)

DIE SCHAUPLÄTZE: Die **Ruine Wartenfels** liegt in 1.020 m Seehöhe auf Salzburger Gebiet und bietet einen eindrucksvollen Rundblick einerseits auf den Mondsee und den Irrsee, andererseits auf den Fuschlsee. Die Ruine steht auf einem nur 15 x 15 m großen Felsen unter dem Schober, seitlich der Drachenwand, der insbesondere gegen den Mondsee hin gute 100 m tief senkrecht abfällt. Um 1259 wurde die Burg auf dem kühn gelegenen Felsen durch Konrad von Kalham errichtet, der sich danach von

Wartenfels nannte. Im Bauernkrieg 1526 brannte sie nieder und wurde nie mehr ganz aufgebaut.

Das **Teufelsloch** direkt über der Gemeinde St. Lorenz am Mondsee, die den Drachen in ihrem Wappen trägt, ist von verschiedenen Stellen zu sehen. Selbst von der Autobahn aus kann man es an schönen Tagen bei klarer Sicht erkennen.

Seit 2009 gibt es einen geführten Klettersteig zum Teufelsloch. Geübte Berggeher können vom Gasthof Drachenwand in St. Lorenz zum Teufelsloch aufsteigen. Auf einem sehr steilen und beschwerlichen Weg erreicht man in ca. 1,5 Stunden die Stelle. Die Sicht von oben durch das Loch ist berauschend und nach weiteren 50 Höhenmetern steht man am Gipfel der Drachenwand.

Ruine Wartenfels über dem Mondsee

Der Irrsee
Wie der See entstand

Dort, wo sich heute der Irrsee befindet, waren einst grüne Wiesen und ein Schloss, in dem ein erfolgloser Magier wohnte. Ständig war er anderen etwas neidig, so auch den Bad Ischlern, die damals gut vom Salzabbau leben konnten. Da rief er einen Boten zu sich, übergab ihm einen verschlossenen Topf mit dem Auftrag, nach Bad Ischl zu fahren und das darin befindliche Spezialsalz prüfen zu lassen, dabei das Gefäß aber keinesfalls vor der Ankunft in Bad Ischl zu öffnen. Doch die Ischler schickten den Kurier wieder zurück, kannten sie doch den Auftraggeber und seinen schlechten Ruf. Sie seien nicht gewillt, etwas zu prüfen, das von ihm kam, ließen sie ihm ausrichten. Auf seinem Heimweg öffnete der Bote auf dem Weg zwischen Mondsee und dem Schloss neugierig den Topf. Da traf ihn ein starker Wasserschwall im Gesicht, eine Fontäne ergoss sich aus dem Topf und riesige Wellen brachen über die Landschaft und das Zauberschloss nieder. All das ging so rasch, dass der Hexer nicht mehr flüchten konnte und so von seinem eigenen Zauber getötet wurde. So entstand der Irrsee, auch Zellersee genannt. An klaren und windstillen Tagen kann man in der Tiefe des Sees ein Leuchten erkennen, das von dem versunkenen Schloss stammt, wo der Zauberer als Geist noch umgehen muss. Fischer hatten erzählt, dass sie manchmal einen fremden graubärtigen Mann in einem Boot am See gesehen haben.

Viele Jahre später hatten sich bereits Bauern am See angesiedelt. An einer Stelle war ein kleines Dorf entstanden. Die Wiesen am See waren für Weidetiere besonders geeignet, und so führte ein Hirte seine Schafe täglich zum See hinunter. Eines Tages, als er ein

INFOS & TIPPS

ANFAHRT
Zell am Moos liegt an der B154, 7 km nördlich des Ortes Mondsee.

INFORMATIONEN
Der Garten ist von Mai bis September untertags gegen eine geringe Spende jederzeit zu besuchen, für einen Besuch des Heimatmuseums auf selbigem Grundstück sollte man sich unbedingt vorher anmelden:
Gartengalerie Hans Mairhofer-Irrsee – Monika Mairhofer, Dorfstraße 20, 4893 Zell am Moos am Irrsee, +43 (0) 6234/7025, irrseekeramik@a1.net, www.mondsee.at

Die Steinerne Rose am Südende des Irrsees

verirrtes Schaf im Moos suchte, entdeckte er eine hölzerne Figur. Sie stellte die Muttergottes dar. Er nahm sie freudig mit, doch am Weg nach Hause wurde sie so schwer, dass er sie nicht mehr von Stelle nehmen konnte. Selbst mithilfe anderer Personen konnte er sie nicht mehr anheben. Erst als fromme Menschen eine Kapelle darüberstellten, ließ die Figur sich aufheben. Sie nannten die kleine Kapelle „Zelle am Mösl", an deren Stelle heute die Kirche Zell am Moos steht.

Zell am Moos

DER SCHAUPLATZ: Kommt man in Mondsee von der Autobahn und fährt links die Straße entlang, kommt man zum Irrsee, auch Zellersee genannt, der zur Gänze im Gemeindegebiet von Zell am Moos liegt. Das Gewässer ist weitgehend naturbelassen und wird von über 20 Quellen und Bächen gespeist. Wegen seiner geringen Tiefe ist der Irrsee im Sommer einer der wärmsten im Salzkammergut und friert in kalten Wintern meist zur Gänze zu. Die Kirche von Zell am Moos war lange Zeit tatsächlich eine besonders beliebte Wallfahrtskirche und der Figur wurden viele Wunder und Heilungen zugeschrieben. Bis Anfang des 19. Jahrhunderts gibt es Berichte von der Statue, die heute verschwunden ist. Auch die zahlreichen Votivbilder in der Kirche

Das Heimathaus von Zell am Moos im Garten der Familie Mairhofer

wurden irgendwann entfernt. Zurück blieb aus den zwei Geschichten die reizvolle Umgebung des Sees, ein Ort mit seiner Kirche und dem gemeinsamen Namen.

Ebenfalls sagenhaft ist der wunderschöne Garten und das Irrseer Heimathaus, das der Maler und Bildhauer Johann Mairhofer (1914–1998) in Zell am Moos errichtet und zeit seines Lebens erweitert hat. Zwischen Blumen und Sträuchern, die scheinbar wie wild dort wachsen, lassen die Skulpturen und Kunstwerke des Künstlers den Betrachter die Welt außerhalb dieses Gartens vergessen. Die Tochter des Hans Mairhofer-Irrsee, wie er auch genannt wird, ist selbst Keramikkünstlerin und führt in bewundernswerter Weise das Erbe ihres Vaters fort.

St. Wolfgang
Der heilige Wolfgang in Oberösterreich

Wolfgang, der Bischof von Regensburg, wurde 924 in Schwaben, wahrscheinlich in Pfullingen geboren. Um das Jahr 976 soll er im Kloster Mondsee gewesen sein, das damals zum Bistum Regensburg gehörte. Wunderbare Legenden in Deutschland und Österreich ranken sich um diesen Heiligen. So auch am Wolfgangsee, der früher Abersee hieß. Einige der Legenden seien hier erzählt.
Wolfgang, der eine gewisse Zeit im Kloster Mondsee lebte, zog sich mit einem Mönch über dem heutigen Wolfgangsee auf dem Falkenstein zurück, wo er in einer Höhle in der Nähe der jetzigen Falkensteinkirche eine Einsiedelei errichtete. Als die beiden Eremiten einmal unter großem Durst litten, stieß Wolfgang mit seinem Stab gegen einen Felsen, aus dem sogleich eine Quelle hervorsprang, die heute noch als Heilquelle gilt.
Später lebte der fromme Mann allein am Felsen, wo ihn der Teufel erschreckte und davonjagen wollte. Wolfgang lief auf einen Felsen zu, der sich plötzlich einen Spaltbreit öffnete und ihn durchließ. Der Teufel blieb machtlos vor der für ihn zu schmalen Ritze wütend stampfend stehen.
Wolfgang hatte vor, am See eine Kirche zu bauen, deshalb ging er Richtung Abersee. Da versuchte der Teufel, den Wanderer mit einem Felsen zu erdrücken. Der Heilige stemmte sich mit dem Kopf und beiden Händen dagegen, rettete sich vor dem sicheren Tod und hinterließ die Eindrücke seiner Hände, die bis heute am Felsen sichtbar sind. Als Wolfgang weiterging, beschloss er, von dort, wo er den See zuerst zu sehen bekam, ein Beil ins Tal hinunterzuwerfen. Gott sollte ihm so den Ort zeigen, an dem er eine Kirche erbauen sollte. An dem steil bergab führenden Weg

INFOS & TIPPS

ANFAHRT
Den Mondsee und den Wolfgangsee verbinden die B154 und B158 auf einer Strecke von 33 km.

INFORMATIONEN
Kurdirektion
St. Wolfgang, Au 140,
5360 St. Wolfgang,
+43 (0) 6138/8003,
info@wolfgangsee.at,
www.stwolfgang.at

Detail eines Wandfreskos in der Kirche St. Wolfgang

Linke Seite:
St. Wolfgang, von der Hacklwurfkapelle am Falkenstein aus gesehen

TIPP

St. Wolfgang bietet eigene Touristenparkplätze. Besuch der Kirche am besten am Morgen ab 8 Uhr, da am späten Vormittag großer Besucherandrang herrscht. Parkplätze für den Weg zum Falkenstein hinauf (etwa 1 Stunde Gehzeit) gibt es in der Ortschaft Ried, ca. 2 km hinter St. Wolfgang. Bitte vorsichtig fahren, da die Straßen hier sehr eng sind und viele Wanderer unterwegs sind.

Die Wolfgangskapelle mit dem Bußstein

lag ein großer Stein, auf dem sich Wolfgang zur Rast niederließ und der sich dem Körper des Ruhenden ganz anpasste. Weit unten fand er seine Axt und bestimmte damit den Platz der heutigen Kirchen in St. Wolfgang.

Zuerst errichtete der Heilige eine Kapelle. Beim Bau bot sich der Teufel als Helfer an und erbat sich als Lohn die Seele des ersten Besuchers. Wolfgang nahm in vollem Gottvertrauen das Angebot an, und als die Kapelle fertig war, betrat als erstes Lebewesen ein Wolf das Gotteshaus. Der Teufel packte voller Wut das Tier und fuhr damit durch die Luft davon. Der Höllenfürst sah nun ein, dass er dem Bischof nichts anhaben konnte und verschwand.

Die Kirche wurde bald regelmäßig von Gläubigen besucht, da verschlief Wolfgang eines Tages eine Messe. Voller Zorn über sich selbst schlug er mit den Händen und Füßen auf einen Stein neben der Kapelle ein. Ein Wunder geschah und der Stein wurde weich wie Butter, damit sich der Bischof nicht verletzen konnte. Der „Bußstein" befindet sich heute noch an jener Stelle.

Irgendwann wurde Wolfgang nach Regensburg zurückgerufen. Beim Abschied von seiner Kirche soll diese ein Stück mitgerückt sein. Doch Wolfgang befahl ihr stillzustehen.

Der Wolfgangsee beim Aberseeblick

Seither war der heilige Mann nicht mehr am Abersee, der jetzt seinen Namen trägt.

DIE SCHAUPLÄTZE: Im rechten Mittelteil der Basilika **Mondsee** steht der Wolfgangaltar, in dem ein Zahn des Bischofs als Reliquie verwahrt wird. Im Hauptaltar vorne ist auf der rechten Seite eine Figur des Heiligen mit einer Axt zu sehen.

Ein Pilgerweg führt von Regensburg zum Wolfgangsee, der auch von Fürberg bei St. Gilgen steil zum **Falkenstein** führt. Der Wallfahrer nimmt vor dem Aufstieg einen Stein mit und legt ihn bei der Kreuzigungskapelle ab. Ob von St. Gilgen oder von St. Wolfgang kommend, jeder Weg geht steil bergauf, und so mancher ungeübte Wanderer empfindet diese Strecke als echte Buße. Unbedingt gutes Schuhwerk anziehen! In früheren Zeiten trug man auf den Bußwegen tatsächlich eiserne Ringe oder Ähnliches, um sich die Wallfahrt noch ein wenig zu erschweren.

Die **Falkensteinkirche** (1626 erbaut) befindet sich auf einer kleinen malerischen Hochebene an einen Felsen geschmiegt. Wer im Inneren an der linken Seite vorsichtig an dem Glockenseil zieht, und die Glocke dreimal schlägt, dem wird ein Wunsch erfüllt. Neben dem Altarraum führt eine Treppe zum Durchlass-Stein. Wer sich hier durchzwängt, streift seine Sünden und das Böse von sich ab. Vorsicht! Der Boden ist feucht, und es muss sich nicht um jeden Preis jeder Besucher durchquet-

Der Durchlass-Stein am Falkenstein

schen, auch wenn ein alter Spruch besagt, dass der Stein alle durchlässt.

Rechts neben der Kirche, dem „Wolfgangsbett", weisen Vertiefungen im Felsen auf weitere Einsiedeleien hin, die bis 1811 bestanden.

Am Weg nach St. Wolfgang kommt man zuerst zur ummauerten **Heilquelle**, die klares Wasser hervorbringt, das besonders gegen Augenleiden helfen soll. Anschließend geht man am Felsen vorbei, in dem die Abdrücke des Heiligen zu sehen sind. Bevor der Weg steil abfällt, steht an der linken Seite die **„Hacklwurfkapelle"**. Von hier soll der Bischof das Beil ins Tal geschleudert haben. Was es mit den übereinandergereihten Steinen auf sich hat, kann man den vielen informativen Tafeln am Weg entlang entnehmen.

Nun geht der Weg steil bergab zum See hinunter, bis man zur **„Rastkapelle"** kommt. Hier befindet sich der „wachsweiche Stein", auf dem sich der heilige Wolfgang ausgeruht haben soll. Bei der Kapelle auf der Wiese am See sieht man zurückblickend eine Fahrverbotstafel für Fahrräder und wundert sich, dass man während des Auf- und Abstieges immer wieder Mountainbikern ausweichen musste.

Ziel oder auch Ausgangspunkt ist die Kirche in **St. Wolfgang.** Dem Ort zugewandt steht der Wolfgangsbrunnen, von dem sich früher die Bewohner ihren Wasservorrat holten. Inmitten der Kirche führt links eine kleine Treppe zur Wolfgangskapelle. Neben einer Kapelle aus Marmor befindet sich der Bußstein mit den Eindrücken des Heiligen. Er ist von einem Gitter umfasst, da sich früher viele Gläubige auf den Stein legten, um von Leiden geheilt zu werden. Wenn Sie Glück haben, kann Ihnen der Mesner einige Geschichten erzählen und den Unterschied der zwei berühmten Altäre erklären. An der Stelle des ebenfalls von Gittern umgebenen Doppelaltares von Thomas Schwanthaler in der Mitte der Kirche soll der ursprüngliche Ort der Kapelle von St. Wolfgang sein. Der Altar beherbergt als Reliquie einen Knochen des Heiligen.

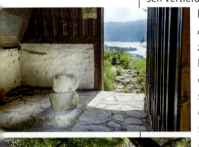

Oben: Die Hacklwurfkapelle
Unten: Die Falkensteinkirche

Der Dachstein
Der Riese und der Krippenstein

33

In der Gemeinde Obertraun am südlichen Ende des Hallstätter Sees kann man heute mit der Seilbahn auf den Krippenstein fahren, der Teil des Dachsteinmassivs ist.

In alten Zeiten, als statt der schroffen Felsen nur fruchtbare Almen in dieser Gegend zu finden waren, lebte einst der Riese Krippen mit seiner Tochter, die zwar wunderschön, aber blind war. Das war auch der Grund dafür, dass sie unverheiratet blieb. Krippen kümmerte sich allein um sein Kind, und so kam es, dass er eines Tages den Berggeist um Hilfe bat. Der überreichte ihm einen unvorstellbar großen Ballen Stoff und wies ihn an, sich das Tuch um die Schultern zu legen und in der kommenden Vollmondnacht mit seiner Tochter auf den Almen zu warten, bis der Mond nachts über den Bergen steht. So würde seine Tochter sehend werden, wenn auch nur dann, wenn kein böses Wort von ihm gedacht oder ausgesprochen wird. In besagter Nacht breitete er den Stoff, der herrlich glänzte, da er mit Edelsteinen besetzt war, über die Almwiesen aus. Das eine Ende des Stoffes hatte er sich über die Schulter geworfen, auf dem anderen saß seine Tochter und befühlte die weiche, anschmiegsame Unterlage. So saßen Vater und Tochter da und warteten auf das Wunder. Noch ehe der Mond seinen Höchststand erreichte, kam der geizige Ritter Däumel und griff gierig nach den funkelnden Edelsteinen, den Krippen erbost mit den Worten bedachte: „Verschwinde! Du gieriger Nichtsnutz!"

Ein Donnern und Grollen begann, dass es weit zu hören und zu spüren war. Die Bewohner des Tales meinten, der Dachstein

INFOS & TIPPS

ANFAHRT
Nach Obertraun über Hallstatt auf der L547 oder von Bad Aussee auf der L701. Parkplatz bei der Talstation der Dachstein-Seilbahn. Achten Sie bitte auf die Abfahrtszeit der letzten Talfahrt der Seilbahn (2013 von der Gjaidstation: 17.20 Uhr).

INFORMATIONEN
www.dachstein-salzkammergut.com oder auch bei Dachstein Tourismus AG, Team Dachstein Krippenstein, Winkl 34, 4831 Obertraun am Hallstättersee, +43 (0) 50140, info@dachstein-salzkammergut.com

Das Dachsteinmassiv, rechts der Daimling

TIPP

Wer nur zu den Höhlen möchte, fährt mit der Seilbahn zur Mittelstation. Eine zweite Seilbahn geht von dort auf den Krippenstein. Der Ausgangspunkt für die hier beschriebenen Orte. Eines unserer schönsten Erlebnisse bei der Recherche für dieses Buch war die Sonnenaufgangsfahrt auf den Krippenstein. Um 05.30 Uhr in der Früh fährt die Seilbahn im Dunkeln hinauf. Der Sonnenaufgang bei der Welterbespirale ist ein wahrer alpiner Hochgenuss. Diese Fahrt gibt es nur ein paar Mal im Jahr. Ebenso werden auch Vollmondfahrten organisiert.

würde auseinanderbrechen. Als am Morgen die ersten Sonnenstrahlen auf die Berge trafen, bemerkten die Menschen, dass die Almen auf den Höhen verschwunden waren. Überall dort, wo sie bisher saftige Wiesen sahen, erblickten sie jetzt nur Felsen und Gestein. Alles, was der Mantel berührt hatte, war zu Stein geworden, selbst der Riese, den man heute im Krippenstein erkennen kann. Auch die Tochter und der Ritter Däumling sind als Felsengebilde zu sehen.

DER SCHAUPLATZ: Die versteinerte Tochter ist am besten während der Talfahrt vom Krippenstein zu sehen, wo man an der linken Flanke ein kleines abstehendes Felsgebilde erkennen kann. Der steinerne Ritter Däumel ist heute als Däumelkogel oder auch Daimling bekannt. Er steht allein unterhalb des Krippensteins, links von der zweiten Seilbahnstation. Sehr gut sehen kann man ihn auch vom Tal aus auf dem kurzen Wanderweg zur Koppenbrüllerhöhle.

Rund um den Krippenstein gibt es in kurzen Wanderungen viel zu entdecken. Über der Seilbahnstation befindet sich die Welterbespirale – der höchste Punkt am Krippenstein. Etwas weiter unten ragen die Fünf Finger über den Abgrund – sicherlich die spektakulärste Aussichtsplattform am Dachstein. Wer will,

kann hier weiterwandern oder ein verrücktes Ding auf der anderen Seite am Heilbronner Rundwanderweg suchen: einen Hai aus Metall, der auf dem breiten Wanderweg in die Höhe ragt. Wer keine Platzangst hat, kann sich hineinzwängen und aus dem Maul die Sicht genießen.

Auf diesem Weg gibt es einen Karstlehrpfad, der auch an den „Kuhtrittmuscheln" vorbeiführt. Die Erklärungen dazu findet man an den vielen Schautafeln am Wegesrand. Ein kurzer Abstieg zum Däumelsee lohnt sich, ist aber nicht für Kinder geeignet. Retour wieder auf gleichem Weg zurück, da der weitere Weg abwärts führt.

Der kleine Zacken in der Mitte des Abhanges stellt die versteinerte Tochter dar.
Der ganze Krippenstein ist der Riese selbst.

Linke Seite: Die Five-Fingers auf dem Krippenstein

Nächste Doppelseite: Seilbahnfahrt über den Hallstätter See auf den Krippenstein

Und auch Sagenhaftes gibt es zu entdecken: Wer hier auf seinen Wanderungen ein Hufeisen findet, sollte es liegen lassen, da es dem Teufel gehört. Er hat diese vor vielen Jahren schlimmen Frauen auf die Knie genagelt und sie auf den Höhen des Dachsteins umhergejagt.

Und noch ein letzter Tipp: Steigen Sie nicht auf jedes Hölzchen, das herumliegt! Es könnte ein junger Bergstutzen sein – ein gefährliches Tier, das es in alten Zeiten hier gegeben hat oder auch nicht. So genau weiß man das nicht.

34 Bad Ischl
Das Wappen und der Kreuzstein

INFOS & TIPPS

ANFAHRT
Bad Ischl liegt an der Kreuzung der B158 mit der B145, ca. 16 km westlich von St. Wolfgang.

INFORMATIONEN
Stadtamt Bad Ischl,
Pfarrgasse 11,
4820 Bad Ischl,
+43 (0) 6132/301-0,
info@stadtamt-bad-ischl.at, www.bad-ischl.ooe.gv.at

Tourismusverband Bad Ischl, Auböckplatz 5,
Trinkhalle,
4820 Bad Ischl,
+43 (0) 6132/27757,
office@badischl.at,
www.badischl.at

Heimatverein Bad Ischl, Johannes Eberl, Schulgasse 6, 4820 Bad Ischl,
+43 (0) 6132/25300,
ischlerheimatverein@unserestadt.at,
www.unserestadt.at/ischlerheimatverein

Museum der Stadt Bad Ischl, Esplanade 10,
4820 Bad Ischl,
+43 (0) 6132/25476,
info@stadtmuseum.at,
www.stadtmuseum.at/
Öffnungszeiten:
Mi 14.00–19.00 Uhr,
Do–So 10.00–17.00 Uhr,
November–März nur
Fr–So geöffnet

Bad Ischl, dessen älteste urkundliche Erwähnung aus dem Jahr 1262 mit „Iselen" stammt und das 1392 mit dem Hinweis auf das „Dorf Yschl unter der Veste Wildenstein" benannt wird, war eine kleine Ortschaft umgeben von Bergen und Wäldern, die angeblich auch den Namen St. Nikola trug.

Durch das Ischltal zog sich ein Eschenwald, und man erzählt sich, dass am heutigen Kreuzplatz in der Ortschaft ebenfalls eine Esche stand. Verkehr und andere Lärmquellen gab es fast noch keine, und so geschah es, dass sich ein junges Tier neugierig dem Dorf näherte. Es war eine Gämse, die auf diesen Platz trat. Sie fraß von den frischen Blättern des Baumes und kehrte nach einer kleinen Erkundungsrunde zurück in die Berge. Jemand hatte sie gesehen und so ist die Geschichte bis heute weitererzählt worden. Aufgrund dieser Begebenheit zeigt das Wappen von Bad Ischl eine Gämse vor einem Baum.

Auf dem Kreuzplatz befand sich auch die Lindenkapelle, für deren Errichtung aber der Teufel ausschlaggebend war. Der Höllenfürst war gern im Salzkammergut unterwegs und so trieb er seine „Wilde Jagd" auch durch Bad Ischl. Um diese „Wilde Gjaid", wie sie auch genannt wurde, zu bannen, wurden am rechten Traunufer die „Heilige-Kreuz"-Kapelle und am Kreuzplatz die Lindenkapelle errichtet.

Da wurde der Teufel erst recht böse und beschloss, die Ischler zu ertränken. Ein kleines Stück unterhalb des Zusammenflusses von Ischl und Traun begann er eine Mauer aus Felsblöcken zu errichten. Dazu brach er die Steine von den umliegenden Bergen ab und warf sie ins Tal. Das aufgestaute Wasser würde den Markt Ischl ertränken und der Höllen-

fürst würde seine Rache haben. Doch dummerweise hatte der Teufel zu spät mit seinem Bauwerk begonnen und so wurde er vom Ave-Maria-Läuten der Kirche in Bad Ischl überrascht, denn spätestens dann hätte er fertig sein müssen. Nun aber fiel alles in sich zusammen. Die Steine wurden die Traun hinabgeschwemmt, nur ein großer Felsblock blieb bis heute stehen, der für die Schiffsleute in vergangenen Jahren ein gefährliches Hindernis bedeutete. So sorgte der Teufel dann doch manchmal für Zerstörung und Unglück. Das Kreuz, das später auf dem Stein aufgestellt wurde, nahm dem Teufel schlussendlich die Macht über die Ischler Gegend.

Links: Blick über die Traun zur Heiligen-Kreuz-Kapelle
Rechts: Der Kreuzstein oder Kohlstein

DIE SCHAUPLÄTZE: Der frühere Name des Ortes St. Nikola ist nicht urkundlich belegt, er erhielt sich lediglich durch die Sage, da die Pfarrkirche dem heiligen Nikolaus, dem Patron der Schiffsleute, geweiht wurde. Erwähnungen und Entwicklungen des Namens Ischl lassen sich bis zu vorrömischen Zeiten verfolgen.

Das **Museum der Stadt Bad Ischl** zeigt neben vielen interessanten Exponaten eine Urkunde, in der zu lesen ist, wie das Wappen auszusehen hat. Hier in Kurzform: Ein gelbes Schild mit drei schwarzen

Die Stadtchronik im Museum von Bad Ischl

*Links: Eine von vielen Wappenversionen, die man in der ganzen Stadt finden kann.
Rechts: Museum der Stadt Bad Ischl an der Esplanade*

Bergen, darauf stehend eine Gämse, mit dem einen Hinterfuß auf dem hinteren Berg und den anderen Füßen auf dem mittleren Berg, zum Schritt bereit. Auf dem vorderen Berg steht eine Esche mit ihren grünen Blättern. Der Wappenbrief wurde von Kaiser Maximilian im Jahre 1514 verliehen und liegt im oberösterreichischen Landesarchiv in Linz. Genauer als in dieser vorliegenden Urkunde kann man ein Wappen nicht beschreiben und doch hat es sich im Lauf der Zeit immer wieder etwas verändert. Manchmal sind die drei Berge kaum oder gar nicht zu erkennen, auf einer Abbildung hebt die Gämse einen Fuß und auf einer anderen steht sie gleich mit allen vier Füßen auf einem Hügel. Wer nicht mehr weiß, wie es ursprünglich ausgesehen hat, kann sich im Museum informieren.

Am **Kreuzplatz** steht keine Esche mehr, auch nicht mehr die über 100 Jahre alte Linde. Die Lindenkapelle besteht ebenfalls nicht mehr und vor wenigen Jahren wurde der Rest eines Altarsteines von diesem Platz entfernt. Die Heiligen-Kreuz-Kapelle wurde erst vor ein paar Jahren vom Heimatverein Bad Ischl restauriert. Sie ist von der Konditorei Zauner aus an der Traun zu sehen und über die Brücke erreichbar.

Der **Kreuzstein** in der Traun, ursprünglich „Kohlstein" genannt, ist leicht zu entdecken. Jeder, der zwischen Ischl und Ebensee unterwegs ist, sieht über der Traun das frisch restaurierte Kreuz golden glänzen. Der Felsen im Fluss besteht seit vielen Generationen und im Stadtmuseum ist er auf alten Stichen und Gemälden aus dem 16. und 17. Jahrhundert zu erkennen. Zu Fuß kann man ihn von der Bahnhofstraße über die Brücke und dann die Traun entlang ergehen.

Traunsee
Vom Riesen Erla und der Nixe vom Laudachsee

35

INFOS & TIPPS

ANFAHRT
Der Traunsee liegt an der B145, 33 km nordöstlich von Bad Ischl.

INFORMATIONEN
Stadtgemeinde Gmunden, Rathausplatz 1, 4810 Gmunden, +43 (0) 7612/794-0, stadtamt@gmunden.ooe.gv.at, www.gmunden.at

MTV Ferienregion Traunsee, Tourismusbüro Gmunden, Rathausplatz 1, 4810 Gmunden, +43 (0) 7612/65752, gmunden@traunsee.at, www.traunsee.at

Über dem Traunsee erheben sich seit Urzeiten Hügel und Berge. Auf einem Kogel lebte einst der Riese Erla, von dem der Berg seinen Namen bekam. Er war ein gutmütiger Riese, der manchmal sogar den Menschen half. Selbst die Zwerge im Rötelstein mochten ihn, was keine Selbstverständlichkeit war. Eines Nachts saß der Riese auf dem Gipfel seines Berges und sah links auf den Traunsee, rechts auf den kleinen Laudachsee. Es war eine warme und klare Vollmondnacht. Da vernahm er ein Singen, wie er es noch nie gehört hatte. Wunderschön und traurig zugleich. Er beugte sich hinunter und erkannte, dass die Stimme einer Nixe gehörte, die auf einem Felsen saß. Sie hieß Blondchen und war so wie Erla ein einsames Wesen. Die beiden verliebten sich ineinander. Doch wie sollte diese Liebe bei so ungleichen Gestalten Bestand haben?

Der Riese baute der Nixe ein Schloss am Traunsee. Vom Traunstein brach er Steine herab und errichtete eine kleine Felseninsel. Die Zwerge halfen beim Bau mit, da die großen Hände des Riesen nicht für jede Arbeit geeignet waren. Am Kranabethsattel, einem anderen Berg am See, wohnte die Hexe Kranawitha, die dem Verliebten einen Wunsch erfüllte. Sie verzauberte den Riesen in einen normalen Menschen, in einen stattlichen Mann. Jetzt konnte er mit seiner Liebsten auf „Schloss Ort" gemeinsam leben.

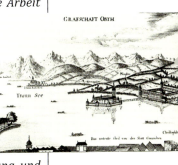

Das Nixenglück währte leider nicht lang, und Blondchen wurde sterbenskrank. Keine Medizin konnte ihr helfen, und nicht einmal die Zwerge und die Hexe wussten Rat. So kam die

Schloss Ort mit der „schlafenden Griechin" im Hintergrund

Nacht, in der die Nixe für immer ihre Augen schloss. Der Zauber war damit zu Ende, und Erla wurde wieder zum Riesen. Die Zwerge versenkten Blondchen in einem silbernen Sarg zur ewigen Ruhe im Laudachsee. Deshalb hat der See heute noch sein silbriges Leuchten in klaren Nächten.

Der trauernde Riese Erla stieg auf seinen Berg und meißelte das Antlitz seiner geliebten Nixe in den Felsen, wo es heute noch zu sehen ist.

Der Innenhof von Schloss Ort

DER SCHAUPLATZ: Von Gmunden und Altmünster aus ist das Profil eines Gesichtes am **Erlakogel** sehr gut zu sehen. Er wird im Volksmund auch „schlafende Griechin" genannt. Beim Schloss Ort, dem Wahrzeichen von Gmunden, am Stadtende Richtung Altmünster, parkt man am Toscana-Parkplatz. Die Insel ist täglich über einen langen Steg frei begehbar. In den Wintermonaten kann es zu Einschränkungen kommen. Wer will, kann gleich nach der Brücke auch außen rund um das Schloss gehen. Im Innenhof kommt man zum Restaurant (in den Wintermonaten geschlossen) und zur Galerie. Das Schloss ist ein beliebter Ort für Hochzeiten, darum ist hier ein Standesamt eingerichtet. Die Schlosskapelle ist meist frei zu besichtigen.

Die Liebe findet in der Sagenwelt auch am Traunsee immer wieder ihren tragischen Lauf, deshalb gibt es noch viele weitere Geschichten, die aus Platzgründen hier nicht erzählt werden können. Eine kurze Variante einer Sage ist auf einer Infotafel nachzulesen. Durch die Fernsehserien „Schloss Ort" wurde dieses Gebäude bis an die Grenzen des Erträglichen zum internationalen Touristenmagneten. Wirklich zu empfehlen ist der Besuch in der Adventszeit anlässlich des Schlösseradvents. Neben St. Wolfgang findet hier wahrscheinlich der stimmungsvollste Weihnachtsmarkt im Salzkammergut statt.

TIPP
Da diese Region so viel an Geschichten, Sehenswürdigkeiten und Wanderwegen bietet, sei hier auf eine interessante Internetseite verwiesen, auf der man viel entdecken kann: www.mein-salzkammergut.com

Der idyllische kleine **Laudachsee** liegt hinter dem Traunstein auf 894 m. Der See kann nur zu Fuß oder mit dem Fahrrad erreicht werden. Ein Wanderweg führt über den Grünberg, ein zweiter, einfacherer, zweigt kurz nach Gmunden Richtung Scharnstein ab. Man fährt am Ortsende rechts zum Parkplatz Franzl im Holz/Gasthaus Silberfuchs. Von hier aus geht man zu Fuß eine gute Stunde und kommt dabei an den „Sieben Brünnlein" vorbei, ein sagenhafter Platz mit der Möglichkeit, aus sieben Quellen zu trinken. Die Natur belohnt den Wanderer bereits entlang des Weges, doch an seinem Ende erreicht man einen der bezauberndsten naturbelassenen Seen. Eine Jausenstation, die Ramsaualm, hat von Mitte April bis Ende Oktober

Schlösseradvent in Gmunden

Oben: Naturidylle Laudachsee

Grünau im Almtal
Geister am Almsee

Am südlichen Ende des Almsees steht seit vielen Jahren das Seehaus, das früher als Forsthaus und auch als Quartier für die Holzfäller des Stiftes Kremsmünster diente. Da es sehr einsam liegt, ranken sich hier einige Geschichten um dieses Gebäude:

Es war an einem kalten Wintertag, als ein Mann über eine große, verschneite Wiese zum Forsthaus marschierte, um dort zu übernachten. Es wurde ihm Einlass gewährt und er bekam eine warme Suppe vorgesetzt. Er fragte den Gastgeber nach dem See, da er nur über die große Wiese vorm Haus gegangen war, aber den See nicht entdeckt hatte. Da erklärte ihm der Einheimische, dass die große Wiese der See war und er über die zugefrorene Eisdecke des Almsees gekommen sei. Der Mann war darüber sehr erstaunt und fragte am nächsten Tag nach dem tatsächlichen Weg, da er nicht mehr aufs Eis wollte. Der Eisdecke – auch wenn sie ihn am Vortag getragen hatte – traute er nicht mehr.

Ein Schuster, der zur „Stör" unterwegs war, übernachtete einst im Seehaus. Er hatte es sich im ersten Stock in seinem Bett bequem gemacht, als er um Mitternacht durch seltsame Geräusche geweckt wurde. Schritte bewegten sich in seinem Zimmer und auch eine Stimme war zu vernehmen. Es kam ihm so vor, als ob in einer ihm fremden Sprache leise Gebete gesprochen würden. Vor Angst getrieben, sprang der Mann aus seinem Bett, packte mit beiden Händen seine sieben Sachen und eilte, halbnackt wie er war, aus dem Haus. Erst im Freien legte er seine Kleidung wieder an. Währenddessen blickte er zu seinem Zimmer hinauf und sah zu seinem Schrecken eine Nonne aus dem Fenster blicken, obwohl hier keine Ordensfrau lebte.

36

INFOS & TIPPS

ANFAHRT
Von Gmunden gelangt man über die B120 und die L549 nach Grünau im Almtal und weiter zum Almsee (32 km).

INFORMATIONEN
Gemeinde Grünau im Almtal, Im Dorf 17, 4645 Grünau im Almtal, +43 (0) 7616/8255-0, gemeinde@gruenau.ooe.gv.at, www.gruenau.at

Cumberland Wildpark Grünau, Naturtierpark Grünau GmbH, 4645 Grünau im Almtal, Fischerau 12, +43 (0) 7616/8425, info@wildparkgruenau.at, www.wildparkgruenau.at

Konrad Lorenz Forschungsstelle, Fischerau 11, 4645 Grünau, +43 (0) 7616/8510, office@klf.ac.at, www.klf.ac.at

Linke Seite: Der zugefrorene Almsee

*Oben: Das Seehaus
Unten: Wölfe im Tierpark Grünau*

Rechte Seite: Stift Kremsmünster

Lange Zeit hieß es, dass im Seehaus ein Geist ein Zimmer besetzt halte. Doch seit vielen Jahren war kein Geist mehr zu sehen. Wahrscheinlich wurde er von einem Mönch des Stiftes Kremsmünster erlöst, da viele Ordensleute das Wissen, die Kraft und Macht über Geisterbeschwörungen hatten.

DER SCHAUPLATZ: An der Südseite des Almsees steht das Seehaus. Die Straße durch das Almtal ist ebenfalls hier zu Ende. Da man einst daran dachte, hier ein Bergwerk zu errichten, gab es bereits 1582 ein Gebäude an dieser Stelle. Das jetzige Haus wurde vom Stift Kremsmünster 1652 errichtet und wird seit über 40 Jahren von der Familie Geishüttner als Restaurant und kleines Hotel geführt. Welches von den Gasträumen das Geisterzimmer war, ist nicht mehr bekannt, da es, wie bereits erwähnt, in diesem Haus keinen Geist mehr gibt. Das Eis auf dem See kommt dafür jeden Winter wieder. Hat sich erst eine tragende Eisdecke gebildet, gibt es kein Halten mehr. Die Lage des Sees, zu Füßen der gewaltig aufragenden Berge des Toten Gebirges, macht den besonderen Reiz des Ortes aus.

International bekannt wurde der Almsee durch den Tierforscher Konrad Lorenz mit seinen Graugänsen. Heute noch besteht im Almtal die Konrad Lorenz Forschungsstelle. Interessierte können dort jeden Dienstag um 15.00 Uhr etwas Menschlich-Tierisches lernen.

Im Almtal wohnt auch der bekannte Märchenerzähler Helmut Wittmann, und wer die Möglichkeit hat, bei einer seiner Veranstaltungen dabei zu sein, sollte dies auf jeden Fall nützen.

Wander- und Radwege gibt es im Almtal viele, und wer noch nie im Cumberland Wildpark Grünau war, muss sich einen halben Tag dafür Zeit nehmen. Ganzjährig geöffnet.

Sagenhafte Fahrt durch das Traunviertel

St. Florian als Stahlplastik auf der Ennsbrücke

Wir beginnen die letzte Tour für dieses Buch mit dem Besuch von zwei Klöstern. Wir starten in **St. Florian,** ca. 20 km südwestlich von Linz. Wir machen uns dort im und um das Augustiner Chorherrenstift auf die Suche nach den Spuren des heiligen Florian und entdecken dabei viele weitere interessante Begebenheiten. Wer Heilwasser mit nach Hause nehmen möchte, sollte daran denken, sich mit einer leeren Flasche auszustatten.

Es geht nun 40 km weiter auf der Westautobahn Richtung Südwesten zum Benediktinerstift **Kremsmünster.** Herzog Tassilo hat hier für seine Unsterblichkeit gesorgt. Und warum wir immer wieder einen Hund, einen Eber und einen toten Mann sehen werden, erfahren Sie in diesem Kapitel und natürlich vor Ort. Bei Schönwetter unbedingt den Teich ansehen!

Wir verlassen das Kremstal und fahren 28 km Richtung Westen nach **Steyr.** Auf unserem Spaziergang rund um den Stadtplatz

Über den Dächern von Steyr

lernen wir die Stadt näher kennen und können da und dort interessante Einzelheiten über ihre Geschichte erfahren. Möglichkeiten für kulinarische Pausen gibt es auf unsrem Weg viele. Wer in dieser Region unterwegs ist, sollte noch dem **Christkindl** einen Besuch abstatten. Denn diesen Ort gibt es nicht nur zu Weihnachten, sondern auch 6 km außerhalb von Steyr.

Nun geht es ins einzigartige Ennstal, wo wir 24 km südlich von Steyr nach **Losenstein** fahren. Majestätisch erhebt sich über der Enns die gleichnamige Ruine, und wir können uns gut vorstellen, warum der Gründer diese Burg gerade an diesem Ort errichtete. Wir hätten große Lust auf eine Zeitreise, um mit Floß oder Zille das Ennstal auf dem Fluss abzufahren. Ein nettes Gasthaus, „Blasl" genannt, befindet sich beim Losensteiner Bahnhof. Amateurfotografen sollten hier, von der anderen Seite der Enns, ein Bild der Ruine machen.

Wir fahren weiter und gelangen über Ternberg ins Steyrtal nach **Molln** (32 km). Hier werden auf kleinstem Raum Geschichte und Natur erlebbar gemacht – damit meinen wir nicht nur das Museum. Denn neben dem „Museum im Dorf", zu dem uns die Maultrommel geführt hat, gibt es unter

Weidetiere auf Burg Altpernstein

anderem den „Wirt im Dorf", das Nationalpark Zentrum Molln und einiges mehr zu besuchen. Erwerben Sie auf jeden Fall eine Maultrommel, die hier sehr günstig zu haben sind und nicht nur Kindern viel Spaß machen.

Den Abschluss unserer Sagenreise bildet die **Burg Altpernstein** im Oberen Kremstal. Dafür haben wir nochmals 20 km zurückgelegt. All jene, die in der katholischen Pfarrjugend tätig sind oder auch waren, haben wahrscheinlich einmal ein Wochenende auf dieser Burg verbracht. Herrlich ist sie auf dem Felsen anzusehen. Neben unserer Sage kann man noch weitere Geschichten dort oben erfahren, so beispielsweise was der Zauberer-Jackl mit dieser Burg zu tun hatte und vieles mehr.

St. Florian
Die Legende vom heiligen Florian

37

Im Jahr 303 leitete Diokletian die letzte und brutalste Welle der römischen Christenverfolgung ein, denn ein Glaube wie das Christentum passte so gar nicht in die Pläne des Reformkaisers. Dazu kam, dass nach römischer Auffassung Staat und Religion nicht zu trennen waren. Den Westen traf der Pogrom weniger hart als den Osten, und es sollte bis 311 andauern, bis es zur Anerkennung des Christentums durch Kaiser Konstantin kam, als sich herausstellte, dass sich die neue Religion einfach nicht ausschalten ließ. Auch die Provinzen am Limes waren von den Edikten des Kaisers nicht ausgeschlossen worden. Deshalb kam der Statthalter der Provinz Ufer-Noricum, Aquilinus, nach Lauriacum, in das heutige Lorch, einen Stadtteil von Enns, um nach dem Rechten zu sehen und bekennende Christen auszuforschen.

Amtsvorsteher des Statthalters war Florian, den man nach seinem Märtyrertod Florian von Lorch nannte. Der Beamte lebte seit seiner Pensionierung, die möglicherweise deshalb erfolgte, weil er Christ geworden war, in Aelium Cetium, dem heutigen St. Pölten. Als Florian erfuhr, dass 40 Christen gefangen genommen worden waren, eilte er nach Lauriacum, um ihnen – gegenüber seinem früheren Vorgesetzten – beizustehen. Aber Aquilinus

ließ auch ihn verhaften, da er sich weigerte, dem Christentum abzuschwören, obwohl er schlimmer Folter ausgesetzt wurde. Selbst als man ihm die Schulterblätter brach, blieb er standhaft. So wurde er zum Tod verur-

INFOS & TIPPS

ANFAHRT
St. Florian liegt südlich der A1-Westautobahn an der gleichnamigen Ausfahrt. Das Augustiner Chorherrenstift ist über die L566 zu erreichen.

INFORMATIONEN
Augustiner Chorherrenstift St. Florian,
Stiftstraße 1,
4490 St. Florian,
+43 (0) 7224/8902-0,
info@stift-st-florian.at,
www. stift-st-florian.at

teilt und zu einer der Ennsbrücken geführt, wo ihm Soldaten einen Stein – später war die Rede von einem Mühlstein – um den Hals legten. Während seines letzten Gebetes, dessen Intensität sogar die Henker zögern ließ, stieß ein wütender Römer Florian in den Fluss, wo er ertrank. Der Mörder wurde augenblicklich blind. Auch die 40 übrigen Gefangenen wurden auf Befehl des Aquilinus hingerichtet.

Krypta mit dem Mühlstein und Särgen in St. Florian

Rechte Seite: Stift St. Florian

Der Leichnam Florians wurde wundersamerweise an einer Mühle kurz vor der Mündung der Enns in die Donau aus dem Wasser gehoben und auf einem Stein abgelegt. Ein Lichtschein umgab den Toten, deshalb erhielt die Mühle den Namen „Lichtenscheinmühle".

In ihrer Nähe wohnte in einem kleinen Haus eine arme verwitwete Christin namens Valeria. Ihr erschien der Geist des toten Märtyrers im Traum und gab ihr kund, wo die Leiche liege und wo man sie begraben sollte. Die Witwe bat Männer, die ebenfalls zum Christentum konvertiert waren, um Hilfe, und tatsächlich fanden sie an besagter Stelle den toten Florian, neben dem ein Adler saß, der schützend seine Flügel über den leblosen Körper ausgebreitet hatte. Der Vogel gab nun Florian frei, und so konnten die Bestatter den Leichnam auf einen Ochsenkarren an sein Grab führen. Dabei mussten sie darauf achten, von den Römern unbemerkt zu bleiben. Auf einer kleinen Anhöhe blieben die Ochsen durstig stehen. Niemand hatte daran gedacht, Wasser mitzunehmen. Plötzlich entsprang direkt vor ihnen eine Quelle, und die Tiere konnten mit dem klaren Wasser ihren Durst stillen und weiterziehen. Ein kurzes Stück weiter kamen sie an die Stelle, an der Florian begraben sein wollte. Heute erhebt sich darüber das Stift St. Florian.

*Links: Eine der ältesten Florian-Darstellungen im Stift
Rechts: Johanneskirche in St. Florian mit der Heilquelle (unten)*

DIE SCHAUPLÄTZE: Fährt man mit dem Auto von der Stadt Enns über die **Ennsbrücke** Richtung Mauthausen oder St. Valentin, kann man bei geringer Geschwindigkeit mitten auf der Brücke auf der linken Seite eine Stahlkonstruktion aus dem Jahr 2006 sehen, die zum Gedenken an seinen Sterbeort dem heiligen Florian gewidmet ist. Einen Hinweis auf die „Lichtenscheinmühle" gibt es nicht mehr.

Die Quelle, an der sich die Ochsen laben konnten, besteht heute noch, und über ihrem Ursprung wurde die **Johanneskirche** errichtet. Die Wiener Straße, die von der L566 zum Stift abzweigt, führt direkt an der kleinen Kirche vorbei, kurz vor dem Zentrum steht sie an der linken Seite. Die Quelle befindet sich au-

Der Marmorsaal im Stift Kremsmünster

ßerhalb der Kirche, rechts darunter. Dem Wasser wird heilende Wirkung zugesprochen, und Bewohner der Umgebung kommen heute noch mit leeren Flaschen zur Heilquelle, um sich das kostbare Nass zu holen.

Das Augustiner Chorherrenstift St. Florian erhebt sich über der gleichnamigen Gemeinde. Parkplätze sind beim Stift vorhanden. Wer Zeit hat, sollte an einer Führung teilnehmen. Im Stiftshof, der frei zugänglich ist, sieht man den Adlerbrunnen, der erste Hinweis auf die Florianilegende, der man sich am Weg durch das Stift nicht mehr entziehen kann. Und doch gibt es auch viele andere sehenswerte Räume und Exponate im Ausstellungsbereich, wie zum Beispiel den prunkvollen Marmorsaal. Auch die Gruft ist sehenswert, wo in einem goldenen Sarg der Komponist Anton Bruckner bestattet ist. In einem Nebenraum, der Krypta, die nur an bestimmten Tagen geöffnet wird, ist neben zwei kleinen Steinsärgen ein Mühlstein zu sehen, der angeblich dem heiligen Florian umgelegt wurde, bevor er in die Fluten der Enns gestoßen wurde. In einem der Steinsärge liegen die sterblichen Überreste der Witwe Valeria, der Florian im Traum erschienen war. In der barocken Basilika, auch ohne Führung zu besichtigen, entdeckt man immer wieder Hinweise auf die Märtyrerlegende.

Der Sarg Anton Bruckners in der Gruft des Stiftes

38 | Stift Kremsmünster
Gunther

INFOS & TIPPS

ANFAHRT
Kremsmünster liegt an der B122, A1-Autobahnabfahrt Sattledt.

INFORMATIONEN
Wer sich für das Stift interessiert, sollte an einer der Führungen teilnehmen, die in Kremsmünster ganzjährig stattfinden.

Benediktinerstift Kremsmünster,
4550 Kremsmünster,
+43 (0) 7583/5275-0,
Pforte: Brigitte Schleier,
Öffnungszeiten: Mo–Fr 07.30–12.30 Uhr und 13.00–16.00 Uhr,
pforte@stift-kremsmuenster.at, www.stift-kremsmuenster.net

Um das Jahr 775 war Herzog Tassilo, Bayernherzog aus dem Geschlecht der Agilolfinger, in der Gegend um Kremsmünster zu Besuch. Sein Sohn Gunther, der ihn begleitet hatte, war in den umliegenden Wäldern mit seinem Gefolge auf der Jagd. Als er die Verfolgung eines Ebers aufnahm, entfernte er sich von seiner Jagdgesellschaft und kam zu einem kleinen Teich. Er konnte das Tier stellen und stieß ihm einen Speer in den Leib. Doch die Wucht der Bewegung riss ihn vom Pferd. Da stürzte sich das Wildschwein in seinem Todeskampf auf seinen Angreifer und fügte ihm tödliche Verletzungen zu. Gunthers Hund schlug Alarm, doch jede Hilfe kam zu spät – Gunther war tot, neben ihm lag das verendete Tier. Herzog Tassilo wurde verständigt, eilte herbei und hielt mit dem Hund an der Unglücksstelle Totenwache. Da trat mitten in der Nacht aus dem dunklen Wald ein Hirsch mit hell leuchtendem Geweih hervor. So leise er gekommen war, so lautlos verschwand das wundersame Tier wieder im Geäst. Der Herzog deutete dies als himmlisches Zeichen und ließ an dieser Stelle ein Kloster gründen – das Benediktinerstift Kremsmünster.

DER SCHAUPLATZ: Das Benediktinerstift Kremsmünster ist weit über die Landesgrenzen hinaus vor allem wegen seiner kunsthistorisch bedeutsamen Sammlungen, in deren Mittelpunkt ein goldverzierter Kupferkelch aus der Zeit um 780 steht, der wahrscheinlich zur Hochzeit des Herzogs angefertigt, von Tassilo und Luitpirga dem Stift geschenkt wurde und heute als sogenannter Tassilokelch in der Schatzkammer des Stiftes aufbewahrt

Der Guntherteich beim Stift Kremsmünster

wird. Ebenfalls ausgestellt sind zwei Kerzenleuchter, deren Schaft ursprünglich das Ahnenzepter des Herrschers gewesen sein soll.

Gleich rechts in der Stiftskirche befindet sich die Guntherkapelle. Hier ist eine große steinerne Grabplatte aus dem Jahr 1304 zu sehen, auf der der tote Herzogssohn mit dem Eber und dem Hund dargestellt ist. Die Existenz von Gunther ist zwar nicht belegt, doch gibt es noch einen zweiten Hinweis auf diese Geschichte. Den wunderschönen Guntherteich mit dem Pavillon. Insider wissen, dass man zu Fuß vom äußeren kleinen Stiftsparkplatz durch den Burgfried an einer Tischlerei vorbei zum Guntherteich kommt. An diesem Wasser soll das Jagdunglück geschehen sein. Der Pavillon selber ist nicht öffentlich zugänglich. Das Foto vom Inneren des Pavillons zeigt eine weitere plastische Darstellung des Geschehens. Bei schönem Wetter unbedingt den Teich ansehen.

Plastische Darstellungen der Gunther-Tragödie

Im Stiftswappen sind neben anderen Darstellungen der Eber und der Hund zu sehen. Das Rind dürfte eine Anspielung auf den Todestag von Herzog Tassilo sein, dem 11. Dezember. Lange Zeit wurden zur Erinnerung an den Gründer des Klosters an seinem Todestag Rindfleisch und Getränke an die Bevölkerung verteilt.

39 Steyr
Die streitbaren Brüder auf der Styraburg

INFOS & TIPPS

ANFAHRT
Steyr liegt an der B122, ca. 28 km östlich von Kremsmünster entfernt. Will man zur Burg, zweigt man von der B122 auf die B115 und fährt über die Schönauer Brücke zur Stadtpfarrkirche, wo man zum Schlosspark gelangt, dem idealen Ausgangspunkt für einen kleinen Rundgang durch die Stadt.

INFORMATIONEN
Tourismusverband Steyr, 4402 Steyr, Stadtplatz 27,
+43 (0) 7252/53229-0,
info@steyr.info,
www.steyr.info

Pfarramt St. Michael, Michaelerplatz 1,
4400 Steyr,
+43 (0) 7252/72014,
pfarre.steyr.stmichael@dioezese-linz.at

Rund um die Entstehung der Stadt Steyr haben sich zahlreiche Sagen und Erzählungen entwickelt, von denen hier nur einige wenige erzählt werden sollen:

Dort, wo die Steyr in die Enns fließt, waren früher Wiesen und Wälder. So weit man sehen konnte, war man umgeben von unberührter Natur, ab und zu ein Bauernhof oder ein kleines Dorf. Zwei Ritter, die Brüder waren, träumten davon, dass hier einmal eine große Stadt entstehen sollte. Sie hatten einen Ort gesucht, an dem sie eine Burg bauen konnten. Und hier schien für sie die geeignete Stelle. Doch über den genauen Standort konnten sich die Brüder nicht einigen. Der eine wollte die Burg oberhalb zwischen den Flüssen Enns und Steyr errichten, der andere meinte, sie müsse gegenüber der Steyrmündung stehen. Da keine Einigung in Sicht war, wurde die Entscheidung durch ein Turnier gefällt. Der Sieger begann nun die „Styraburg" auf einem Felsen oberhalb der Flüsse zu bauen. Für den Bau der Burg wurden viele Arbeiter benötigt, deshalb siedelten sich immer mehr Menschen hier an. So begann der Aufbau der Stadt Steyr, der Stadt am Wasser, denn der Begriff „Stiria" entstammt einer keltischen Sprache und war die Bezeichnung für Fluss oder Wasser.

Der zweite Bruder, der als Verlierer aus dem Turnier hervorging, ließ Jahre später an seiner bevorzugten Stelle eine Kirche, die St. Michaelskirche erbauen. Die Patres des Jesuitenordens, die für den Bau zuständig waren, hatten durch eine List den Teufel gezwungen, Gold herbeizuschaffen.

Die Styraburg, heute Schloss Lamberg

Als ihm beim letzten Mal der Priester mit einem göttlichen Gruß dankte und die Kirche innen von alleine zu leuchten begann, fuhr der Teufel wild in die Luft und riss ein Loch in die Mauer der neuen Kirche.
Auf der Styraburg lebte Generationen später ein böser Burggraf. Mit allen Bewohnern und auch Besuchern der Stadt geriet er in Streit. Kein Diener oder andere Untergebene konnten ihm etwas recht machen. Als stille Verhöhnung fertigte ein Bildhauer ein lustiges Konterfei des Burgherrn an. Heimlich wurde es im Eingang eines Hauses angebracht, das gegenüber der Burgauffahrt lag. So fanden die Menschen in anderer Weise Spaß an dem Herrn der Styraburg.

DER SCHAUPLATZ: Der Schlosspark in Steyr war möglicherweise der Schauplatz des Ritterturniers. Die Burg, 980 erstmals als „Stirapurhc" (Styraburg) erwähnt, brannte im 18. Jahrhundert nieder und wurde als Schloss neu aufgebaut. Nun heißt es Schloss Lamberg, es wird von den Bundesforsten verwaltet und bietet bei verschiedenen Führungen einen Rundgang durch die prunkvollen Tapetenzimmer und die Lamberg'sche Schlossbibliothek.

Oben: Hof von Schloss Lamberg und Kopf des Burggrafen

Das Schlossgelände selbst ist frei zugänglich, und vom Schlosshof, wo sich einer der ältesten Brunnen der Stadt befindet, kann man die gepflasterte Berggasse in die Stadt hinunterspazieren. Unten rechts beginnt die Enge Gasse und gleich im ersten Eingang links, Nr. 5, ist über dem Bogen der Kopf des Burggrafen zu sehen. Manche Überlieferungen behaupten auch, dass dies der Kopf von Stefan Fadinger sei, da sich der bekannte Anführer des Bauernkrieges auch in Steyr aufhielt.

Die barocke Michaelerkirche ist durch ihre weithin gut sichtbare Lage an der Mündung der Steyr in die Enns prägend für das Stadtbild von Steyr. Teuflische Spuren sind heute nicht mehr zu entdecken, doch war bis vor einigen Generationen eine Stelle in der Mauer zu sehen, die sich lange Zeit nicht zumauern

Der Fluss Steyr, von der Brücke aus

Durchgang zur Berggasse

ließ. Blicken Sie jetzt die Berggasse zurück, erkennen Sie am Bogen historische Zeichnungen der alten Anlage und zwei Ritter, die man für die Sage gerne auch als die zwei Brüder, die Gründer von Steyr, bezeichnet. Ganz links an der Fassade steckt eine kleine Kanonenkugel, die aus den Franzosenkriegen stammt. Am Hauptlatz Nr. 26 in der Passage der Buchhandlung Ennsthaler ist eine weitere zu entdecken.

Am Rückweg über den Stadtplatz und an der Verlängerung in den Grünmarkt kann man noch das Stadtmuseum (Grünmarkt Nr. 26) besuchen.

Der Tourismusverband Steyr bietet viele verschiedene Stadtführungen an, darunter auch eine Nachtwächterführung, die natürlich bei Sagenfreunden sehr beliebt ist.

Kirche St. Michael am Fuße des Tabors

40 Steyr
Christkindl ist ein Ort

INFOS & TIPPS

ANFAHRT
Christkindl gehört heute als Katastralgemeinde zu Steyr. Von der Stadtpfarrkirche der Stadt Steyr kommend, fährt man Richtung Aschach an der Steyr. Nach 3 km fährt man rechts zur Christkindl-Kirche, Parkplätze sind vorhanden.

INFORMATIONEN
Die Christkindl-Kirche ist zu besichtigen von Di–Fr von 09.00–11.30 Uhr nach Voranmeldung in der Pfarrkanzlei. Zu anderen Zeiten darf man hineinblicken, doch ein versperrtes Gitter verhindert den weiteren Zutritt.
In der Advents- und Weihnachtszeit wird im Gebäude oberhalb der Kirche jährlich eine große Krippenausstellung gezeigt.
Pfarre Christkindl, Christkindlweg 69, 4400 Steyr
+43 (0) 7252/54622, kanzlei@pfarre-christkindl.at, www.pfarrechristkindl.at

Ende des 17. Jahrhunderts lebte in Steyr ein Mann namens Ferdinand Sertl. Er war Türmer, das heißt er hatte die Aufgabe, die Stadt Steyr vom höchsten Turm aus zu beobachten und vor Gefahren zu warnen. Er litt an einer Krankheit, die damals als Fallsucht bezeichnet wurde und die man heute als eine Form von Epilepsie beschreiben würde. Auf einer Anhöhe außerhalb der Stadt brachte er an einer Fichte ein Bild der heiligen Familie an, um dort seine Andacht zu halten. Er betete Tag für Tag um Heilung. Eines Tages erfuhr er, dass eine lahme Nonne von einer Figur des Christkindes aus Wachs geheilt worden sei. Er setzte alles daran, zu einer solchen Figur zu kommen, was ihm auch gelang. Er schnitt in seine Fichte eine kleine Höhlung und stellte die Figur darin auf, vor der er weiterhin betete. Nach längerer Zeit, die Anfälle waren ausgeblieben, wurde ihm bewusst, dass ihn das Christkind geheilt hatte. Dieses Wunder sprach sich schnell herum und viele Menschen pilgerten zu jenem Baum, der in seiner Rinde die Wachsfigur barg, und wurden ebenfalls geheilt. Eine kleine hölzerne Kirche wurde um den Baum herum errichtet und bald waren die Wände voller Votivbilder. 1712 wurde ein kleines Büchlein mit dem Titel „Wunderwürckender Lebensbaum" verfasst, in dem viele Wunder und Heilungen aufgezeichnet wurden. Der Strom der Pilger riss von nun an nicht mehr ab und schließlich wurde eine größere Kirche nach den Vorlagen einer italienischen Kirche errichtet.

DER SCHAUPLATZ: Im Hochaltar ist der Stamm der Fichte eingebaut. Wer nahe genug herankommt oder ein gutes Zoomobjektiv an seinem Fotoapparat hat,

Ersttagsstempel des Postamts Christkindl, 1963

Oben: Der barocke Hochaltar mit dem „Wachs-Christkindl" und dem Baumstamm, sichtbar hinter der Taube

kann ihn auch erkennen. Über der goldenen Kugel befindet sich die Wachsfigur, das Christkind, in einer Kapsel. Bis heute gibt es Wallfahrten und Pilgerwege, die die Gläubigen nach Christkindl führen. Ferdinand Sertl war übrigens neben seiner Tätigkeit als Türmer auch Chorleiter in der Stadtpfarrkirche.

Hinter der Kirche befindet sich das Hotel & Restaurant Christkindlwirt, bei dem in der Adventszeit ein Sonderpostamt eingerichtet wird. Schon seit 1950 kann man seine Weihnachtspost über das Postamt Christkindl senden, wo von vielen Mitarbeitern der Sonderstempel von Christkindl auf die Karten oder den Brief gedrückt wird. Die Grafik auf dem Stempel wird jedes Jahr neu kreiert, und 2013 hat es sogar einen eigenen Kinderstempel gegeben. Unter Markensammlern ist auch der Ersttagsbrief des jeweiligen Jahres sehr beliebt. Auf einem Kuvert wird eine Marke aufgeklebt und mit dem ersten Tag des Poststempels verbrieft. Da inzwischen die Weihnachtspost weltweit über Christkindl verschickt wird, werden in den paar Wochen ungefähr zwei Millionen Sendungen bearbeitet.

Losenstein
„Los am Stein"

Auch heute noch zeigt sich das Ennstal naturbelassen und großteils unberührt. So kann man sich gut vorstellen, wie ein junger Ritter durch das Ennstal kam und auf einem Felsen über dem Fluss die Nacht verbrachte. Bei Sonnenaufgang war er so sehr von dem sich bietenden Naturpanorama beeindruckt, dass er beschloss, hier eine Burg zu bauen. Er nannte die Burg „Los am Stein", nach dem in der oberösterreichischen Mundart verbreiteten Begriff „losen" für schlafen oder auch hören, so wie der Ritter in jener Nacht sein Ohr auf den Felsen legte.

Es gab eine Zeit, da lebten Raubritter auf der Burg. Durch die gute Lage sahen die geldgierigen Männer jeden, der die Enns entlangkam, egal ob zu Wasser oder auf dem Landweg. Viele Kaufleute, Transportzüge und auch Schiffe wurden von ihnen überfallen und ausgeraubt und all jene ins Verlies gesteckt, für die man sich Lösegeld erhoffte. Andere wurden gleich erschlagen oder von der Burg in die Tiefe geworfen.

Vor der Errichtung der Burg war auf diesem Felsen ein heidnischer Kultplatz, wo an einem Opferstein Riten gepflegt und sicherlich Tier-, möglicherweise auch Menschenopfer dargebracht wurden. Es wurden aber auch Runen geworfen und andere Orakel um Rat gefragt und um einen Blick in die Zukunft gebeten. Es soll ein Stein gewesen sein, auf dem man nach Jahrhunderten immer noch etwas hören konnte. Welcher das war und ob er noch existiert, ist ungewiss.

Ein Ritter der Burg, Sebastian von Losenstein, war auch Teil der Geschichte, die im Kapitel „Das Turnier in Linz" nachzulesen ist.

INFOS & TIPPS

ANFAHRT
Losenstein im Ennstal liegt an der B115, ca. 25 km südlich von Steyr.

INFORMATIONEN
Die Ruine kann jederzeit besucht werden, der Aufstieg ist kurz und einfach und die Anlage ist auch für kleine Besucher geeignet.

Burgspielgruppe Losenstein, Felbauweg 4, 4460 Losenstein, +43 650/6552750, burgspielgruppe-losenstein@kt-net.at, www.burgspielgruppe-losenstein.at

Gemeinde Losenstein, Eisenstraße 45, 4460 Losenstein, +43 (0) 7255/6000-0, gemeinde@losenstein.ooe.gv.at, losensteinriskommunal.net

Ruine Losenstein mit Blick ins Ennstal

DER SCHAUPLATZ: Von Steyr über Ternberg durchs Ennstal kommend, erblickt man auf der linken Flussseite die Ruine Losenstein. Sie wurde im 12. Jahrhundert 60 m über dem Ort auf einem Felsen erbaut und war ab 1252 im Besitz der Herren von Losenstein. Im 18. Jahrhundert wurde die Burg immer mehr dem Verfall preisgegeben. Seit 1969 werden Renovierungsarbeiten durchgeführt, um diesen interessanten historischen Bau zu erhalten. Wer mit dem Auto kommt, fährt hinter dem Felsen bergauf zu einem kleinen Parkplatz. Von hier aus ist man in

wenigen Minuten auf der Burg, wo man zwischen der Vorburg und der Hochburg einen Rundgang machen kann. Ein wunderbarer Ausblick auf den Fluss und die umliegenden Berge lässt den Alltag vergessen. Bis vor einigen Jahren gab es in diesem großartigen und geschichtsträchtigen Gelände jährlich im Sommer Aufführungen einer örtlichen Amateurtheatergruppe, was leider wegen Grundstücksstreitereien nicht mehr möglich ist. Ein neu gegründeter Verein „Rund um die Burg" ist bemüht, die Burg auszuschildern und erlebnisreicher zu machen.

TIPP

Das OÖ Privatfernsehen LT1 hat zu dieser Geschichte einen Kurzfilm verfasst, den man sich im Internet ansehen kann. Aufrufen unter: www.LT1.at – Suchbegriff: Weidinger Erich

42 Micheldorf
Der Brudermord von Altpernstein

INFOS & TIPPS

ANFAHRT
Altpernstein liegt in der Gemeinde Micheldorf, 38 km westlich von Losenstein an der L1320, erreichbar über die L1324.

INFORMATIONEN
Jausenstation Burgstüberl geöffnet Sa–So;
Katholische Jugend OÖ,
Burg Altpernstein,
Altpernstein 1,
4563 Micheldorf,
+43 (0) 7582/63535,
burg@dioezese-linz.at,
www.altpernstein.at

ARGE Tourismus Oberes Kremstal, Klosterstraße 1, 4553 Schlierbach,
+43 (0) 7582/83028,
schlierbach@oberoesterreich.at,
www.oberes-kremstal.at

Einst standen sich im Kremstal bei Micheldorf zwei Burgen einander gegenüber. Schloss Schellenstein am Türnhamberg und Burg Altpernstein am Hirschwaldstein. Die Besitzer waren Brüder. Der Burgherr beneidete seinen Bruder um seinen Reichtum und das schöne Schloss, war es doch prachtvoller als die dunkle Burg. Jedem Besucher wurde offenbart, dass es dem Schlossherrn an nichts mangelte, was auf der Burg gegenüber nicht der Fall war. So ersann der Pernsteiner eine List. Er lud seinen Bruder auf die Burg ein, und während sie beim Abendessen saßen, setzten die Männer des bösen Burgherrn das gegenüberliegende Schloss in Brand.

Immer wieder blickte dieser aus dem Rittersaal und als die Feuersbrunst gut über der Krems zu sehen war, rief er mit gespielter Überraschung seinen Bruder ans Fenster. Dieser lehnte sich hinaus und sah tatsächlich Schellenstein in Flammen stehen. Er hatte keine Chance mehr zu reagieren, denn sein Bruder warf den in Todesangst brüllenden Schlossherrn aus dem Fenster in den Abgrund. Wer die heute noch stehende Burg kennt, weiß, dass diesen Fall kein Mensch überleben konnte. Schellenstein brannte bis auf die Grundmauern nieder und wurde nie mehr aufgebaut.

Der Pernsteiner bereute später seinen Brudermord und zog als Kreuzritter nach Jerusalem, von wo er nicht mehr zurückkam.

Rechte Seite: Die Dornröschen-Stiege auf Burg Altpernstein

Spukgeschichten:
Auf Burg Altpernstein soll es am Dachboden oder in der Rüstkammer eine große Kugel aus Eisen gegeben haben, die von allein

wie wild herumrollte, ohne dass man sie zum Stillstand hätte bringen können. Angeblich war diese Kugel früher von den Rittern der Burg zum Kegelspiel verwendet worden.

In bestimmten Nächten war einst in den Wäldern rund um die Burg ein Gespenst in der Gestalt eines Ritters mit seinem Pferd zu sehen. Es war verflucht, umgehen zu müssen. Es liegt auch die Vermutung nahe, dass es der Geist des Brudermörders war. Erst als eine alte Frau den Ritter in Gottes Namen um Almosen bat, war das Gespenst auf der Stelle verschwunden.

DER SCHAUPLATZ: Über der Gemeinde Micheldorf bei Kirchdorf an der Krems erhebt sich in 900 m Höhe die eindrucksvolle **Burg Altpernstein.** Sie gehört zu einer der größten gut erhaltenen Burgen aus dem Mittelalter in Oberösterreich. Die erste urkundliche Erwähnung stammt aus dem Jahr 1063 als Sitz der Herren von Pernstein. Es sollen tatsächlich zwei Brüder gewesen sein. Die Burg hatte im Lauf der Geschichte viele verschiedene Besitzer. Um 1623 gehörte sie Graf Herberstorff, der für das schreckliche Frankenburger Würfelspiel verantwortlich war. Von seiner Witwe wurde die Burg an das Stift Kremsmünster verkauft, in dessen Besitz es heute noch ist. Von der Diözese Linz gepachtet, wird die Anlage hauptsächlich als Tagungs-

und Veranstaltungsort der katholischen Jugend verwendet. Besucher dürfen den Innenhof und das Burgstüberl betreten, so es geöffnet ist. Im Durchgang zum Hof kommt man links über eine schmale steile Treppe ins Verlies hinunter und hinaus zur Burgmauer. Dort hat man einen guten Blick über das Kremstal und würde das Schloss des ermordeten Bruders erblicken können, wenn es noch vorhanden wäre.

Burg oder **Schloss Schellenstein** wurde 1110 erstmals urkundlich erwähnt und wechselte auch oftmals den Besitzer. Schon im 17. Jahrhundert verkam es zur Ruine. Heute sind im Wald noch einzelne Mauerreste und eine Zisterne zu finden – ein rechteckiger Graben aus Stein, der damals als Wasserreservoir diente. Wer sich auf die Suche nach den Resten von Schellenstein machen möchte, kann zwei verschiedene Aufstiege wählen: Entweder vom Kremsursprung aus entlang einer Forststraße, dann ein kurzer Fußpfad. Die letzen 20 m Zustieg erfordern Trittsicherheit und sind mit einem Drahtseil gesichert (für Kinder nicht geeignet!). Die Suche kann auch vom Ziehberg aus gestartet werden. Man folge dem Forstweg, der hinter dem „Tierparadies Schabenreith" beginnt. Zur Belohnung gibt es einen beeindruckenden Ausblick über das Kremstal aber allemal.

Die Burg Altpernstein

Blick vom Rittersaal der Burg über Micheldorf zum damaligen Standort der Burg Schellenstein

43 Molln
Eine Maultrommel gegen den Scheiterhaufen

INFOS & TIPPS

ANFAHRT
Molln liegt an der B140, ca. 12 km von der Abfahrt Klaus an der Pyhrnbahn der A9-Pyhrnautobahn. Von Altpernstein sind es ca. 20 km über den Pyhrnpass in Richtung Osten.

INFOMATIONEN
Das Museum im Dorf, Im Dorf 1, 4591 Molln, +43 (0) 664/2139620, museum@molln.cc, www.museum.molln.cc
Öffnungszeiten: Mai bis Oktober, So & Fei 13.00–17.00 Uhr. Gruppen werden um Anmeldung gebeten.

Einer Sünderin namens Barbara aus dem Steyrtal wurde Begnadigung angeboten, sollte sie dem Richter innerhalb von drei Tagen etwas ganz Neues, Bahnbrechendes präsentieren. Um dem Scheiterhaufen zu entkommen, dachte sie angestrengt nach. In der ersten Nacht kam ihr eine Idee und sie ließ sich Werkzeug und Holz bringen. In der zweiten Nacht arbeitete sie in einem fort, werkte und probierte, ab und zu waren seltsame Töne aus der Gefängniszelle zu hören. Am Morgen rief sie einen Wachmann zu sich, um beim Richter vorgelassen zu werden. Barbara führte im Gerichtssaal ein kleines hölzernes Gerät an den Mund und entlockte ihm Klänge, welche die Anwesenden aufhorchen ließen, und jeder wollte dieses neu geschaffene Instrument sehen. Barbara wurde begnadigt und so entstand in unserem Land die Maultrommel, die mit der Zeit verfeinert wurde und jetzt aus Metall hergestellt wird. Die heilige Barbara ist deshalb unter anderem auch die Schutzpatronin der Maultrommelzunft.

Heute nimmt man an, dass die alpine Sage von der Entstehung der Maultrommel jüngeren Datums ist. Es lag ihr lediglich das überlieferte Bild der Heiligen zugrunde. Die heilige Barbara gilt allerdings seit der Gegenreformation im 16. und 17. Jahrhundert als Schutzpatronin der Bergleute, Waffenschmiede, Gießer und Glöckner. In der Region Eisenwurzen mit ihrer Kleineisenindustrie gilt die heilige Barbara als Patronin aller eisenverarbeitenden Berufsgruppen.

Wappen von Molln mit der Maultrommel

DER SCHAUPLATZ: In der Gemeinde Molln im Steyrtal werden noch heute Maultrommeln hergestellt. Der älteste Betrieb der Gegend stellt seit 1679 dieses Instrument her. 1690 wurde unter Johann Maximilian Lamberg schließlich die entsprechende Handwerksordnung erlassen, und 1818 lebten dort noch 34 Maultrommelerzeuger. Heute sind es drei Meister, die ihre Erzeugnisse in alle Welt vertreiben.

In Molln gibt es zwei Schaubetriebe, in denen mit Gruppen oder Schulklassen Führungen möglich sind.

Hinter dem Wirt im Dorf befindet sich das wirklich sehenswerte „Museum im Dorf". Hier ist ein großer Raum der Entwicklung und Herstellung der Maultrommel gewidmet. Seit 1691 ziert das Bild der heiligen Barbara die Zunftfahne der Maultrommelschmiede von Molln (ebenfalls im Museum ausgestellt). Noch Mitte unseres Jahrhunderts schmückte ihr Bildnis den Stammtisch der Maultrommelmacher. Die Geburt der Maultrommel lässt sich zeitlich nicht wirklich bestimmen, ziemlich sicher ist, dass ihre Wurzeln in Südasien zu finden sind, hergestellt aus Bambus oder Hölzern. Eiserne Funde in Europa reichen zurück bis ins 12. Jahrhundert. Im alpenländischen Raum wurde die Maultrommel bald zu einem

Nächste Seite: Museum im Dorf – Maultrommelraum

TIPP

Der Maultrommelweg, der beim Nationalparkzentrum beginnt, führt auch an den beiden Schaubetrieben in Molln vorbei:

Wimmer-Bades, Ilse Bades, Im Sperrboden 1, 4591 Molln,
+43 (0) 7584/2831,
wimmer-bades@maultrommel.at,
www.maultrommel.at

Musik Schwarz, Maultrommel- und Harmonikamanufaktur, MIDI-Elektronik, Musikhaus, Waldeggstraße 1, 4591 Molln,
+43 (0) 7584/24070,
office@kaerntnerland-schwarz.at, www.kaerntnerland-schwarz.at
Geschäftszeiten: Di–Fr 09.00–12.00 und 14.00–18.00 Uhr, Sa 09.00–12.00 Uhr, Montag geschlossen!

Volksinstrument. Sie war einfach in den Hosensack eingesteckt, zum Fensterln mitgenommen und darauf gespielt, bis sich die Angebetete zeigte oder sich der Inhalt des Nachttopfes über den Musiker ergoss. Dem Klang dieses Instruments wurde erotisierende Eigenschaft nachgesagt, welche die Herzen der Frauen schwach werden ließ, deshalb verbat die katholische Kirche den Einsatz dieses „liederlichen" Instruments. Vielleicht mit ein Grund, dass die Gesellen der Maultrommelzunft damals nicht heiraten durften und die Meister möglichst schnell heiraten mussten.

Rechte Seite:
Die Ruine Losenstein, von der Enns aus gesehen

Quellenverzeichnis

Burg Wels: Führer durch die Sammlungen und Museen, Eigenverlag der Stadt Wels, 2001

Depiny, Albert (Hg.): Oberösterreichisches Sagenbuch, Verlag R. Pirngruber, Linz ,1932

Hager, Christian: Auf den Pöstlingberg! Denkmayr, Linz, 1997

Harrer, Franz: Sagen und Legenden von Steyr, Ennsthaler, Steyr, 1965

Hitzenberger, Sabine/Weidinger, Erich: Sagen und Märchen vom Traunsee, Edition Anteros, Seewalchen, 1989

Huber, Gabriele: Sagenhaftes Steyr-, Enns- und Kremstal, Sutton, Wien, 2012

Kantilli, Günter: Naturheiligtümer im Mühlviertel, Styria, 2013

Kanzler, G. J.: Geschichte des Marktes und Curortes Ischl, Selbstverlag, Bad Ischl, 1881

Kramer, Josef: Das Innviertel in seinen Sagen, Bibliothek der Provinz, Weitra, 1994

Mayrhofer, Fritz/Katzinger, Willibald: Geschichte der Stadt Linz, Band 1, Wimmer, Linz, 1990

Pfarl, Peter: Der Wolfgangweg, Tyrolia, Innsbruck, 2013

Reisinger, Anton: Wundersames Mondseeland, Museum Mondseeland, Mondsee, 2006

Satzinger, Franz: Museumsführer durch das Vöcklabrucker Heimathaus, Eigenverlag, Vöcklabruck, 2007

Weidinger, Erich: Das Hausruckviertel in seinen Sagen, Bibliothek der Provinz, Weitra, 1994

Weidinger, Erich: Sagen aus Oberösterreich, Ueberreuter, Wien, 2002

Weidinger, Erich: Sagen und Märchen vom Attersee, Edition Anteros, Seewalchen, 1990

Die Drachenwand am Mondsee

Wittmann, Helmut: Das Donausteig Sagenbuch, Tyrolia, Innsbruck, 2011

www.sagen.at
– die wichtigste Webseite zum Thema österreichische Sagen

Bildnachweis

Wenn nicht anders angegeben, stammen alle Fotos von Michael Maritsch und Erich Weidinger.
S. 8: Autorenfoto, Weidinger Mathias
S. 21: Rainer Mirau/picturedesk.com
S. 24: Foto Monika Löff
S. 44 (Nachtwächter Foto): Wels Marketing & Touristik GmbH
S. 47 (Ritter-Foto): Andreas Röbl, OÖ Famlienbund Linz
S. 72: Andreas Wenzl, Verein der Schaunbergfreunde
S. 76 + 77: Pointecker Oskar, Furthmühle Pram
S. 106: Teufelsloch, Eva Neuhuber
S. 127 (unten, kleines Foto): Wolfgang Spitzbart, Schlösser Advent
S. 147 (Foto Christkindl): Günter Fatka, TVB Steyr
S. 150 (Panoramabild): Herbert Salzmann
Die meisten Stiche stammen von Georg Mattheus Vischer, Topographia Austriae Superioris Modernae 1674.
Andere Stiche und historische Abbildungen wurden aus alten Büchern und Druckwerken entnommen.

Dankeschön

Ein großes Dankeschön an alle Oberösterreicherinnen und Oberösterreicher, die uns mit Rat und Tat und vor allem auch mit ihrem Wissen unterstützt haben. Von der Gemeindesekretärin bis zur Germanistin, von der Museumsaufsicht bis zu den Historikern, vom Bauern, der sich beim Heuen stören ließ, bis zum Vereinsobmann, der sich von der Jause abhalten ließ. Wir bedanken uns beim Verlagsvertreter und unserer Lektorin. Wir können gar nicht alle hier nennen, und um niemanden zu vergessen, führen wir hier keine Namen an. Dank an alle!

Linke Seite:
Der Laudachsee im
Salzkammergut

← Karstwanderweg über Heilbronnerkreuz zur Station Gjaidalm 2 ¾ h

← Schönbergalm 662

Gjaidalm über Schipiste 1 h →

SAGENWEG →

Fotograf Michael Maritsch

Autor Erich Weidinger

Lesen Sie mehr unter:
www.sagen.at

Ortsregister

Almsee – Almtal – Grünau	94, 123 ff
Aschach an der Donau	24, 34 ff, 73
Attersee	73, 95 ff
Auberg a. d. großen Mühl	10 ff, 12 ff
Bad Ischl	94, 109, 122 ff
Bad Leonfelden	11, 16 ff
Berg im Mühlviertel	14 ff
Braunau	65, 82 ff
Christkindl	133, 146 ff
Dachstein, Krippenstein	94, 117 ff
Eferding	64, 67 ff, 73
Engelhartszell a. d. Donau	23 ff, 25 ff, 28 ff
Enns	41, 60 ff, 135 ff
Feldkirchen a. d. Donau	34 ff
Freistadt – Thurytal	10 ff, 18 ff
Friedburg	65, 78 ff
Gampern – Zeiling	87
Gmunden – Traunsee	94, 124 ff
Grein a. d. Donau	22, 24, 36 ff
Haibach	31 ff
Haslach im Mühlviertel	10 ff
Hartkirchen – Ruine Schaunberg	65, 71 ff
Heiligenstatt (Gemeinde Lengau)	79 ff
Hofkirchen im Mühlkreis	31 ff
Irrsee	95, 109 ff
Kremsmünster	30, 130, 132, 140 ff
Klaffer am Hochficht	10 ff
Laudachsee	94, 124 ff
Lengau	65 ff, 78 ff
Leonding – Zaubertal	41, 56 ff
Linz–Urfahr	24, 40, 45 ff, 48 ff, 50 ff, 53 ff
Losenstein im Ennstal	45, 133, 149 ff
Mattighofen	65, 78 ff
Micheldorf – Burg Altpernstein	128, 152 ff
Molln	133, 156 ff
Mondsee	95, 101 ff, 105 ff, 109, 113, 115
München (Deutschland)	84
Neuhaus am Inn (Deutschland)	75
Neuhaus a. d. Donau	34
Obertraun am Hallstättersee	117 ff
Oberwang	94, 101 ff
Passau (Deutschland)	22, 70
Persenbeug (NÖ)	36 ff
Pram an der Pram	66, 76 ff
Pupping	64, 69 ff
Raffelding (Gemeinde Fraham)	64, 68
Regau	89 ff
Rohrbach im Mühlviertel	10, 14 ff
Ried im Innkreis	66, 91 ff
Schärding	65, 74 ff, 77
Schörfling	94, 100
Schlögen (Donau)	24, 31 ff
St. Florian	132, 135 ff
St. Georgen im Attergau	97 ff
St. Gilgen – Falkenstein (Salzburg)	95, 113 ff
St. Lorenz am Mondsee	105 ff
St. Nikola an der Donau	24, 36 ff
St. Peter am Wimberg	10
St. Pölten (NÖ)	135
St. Wolfgang am Wolfgangsee	95, 113 ff
Steinbach am Attersee, Weißenbach	97 ff
Steyr	45, 132, 142 ff, 146 ff
Taiskirchen	66, 74
Thalgau – Ruine Wartenfels (Salzburg)	105 ff
Vöcklabruck	65, 85 ff, 87 ff
Wels	40, 42 ff, 85
Wilhering	71
Zell am Moos	109

Langsamen Fußes die Welt erobern – ein Plädoyer für die Entschleunigung beim Wandern. Wenn wir tatsächlich Natur und Landschaft genießen und erfahren wollen, in welchem Umfeld wir uns bewegen, so rät der Autor, das eigene Tempo zu finden und nicht den übertrieben ehrgeizigen Vorgaben sportlicher Höchstleistungen nachzustreben. Die Devise soll lauten: Mit Augen, Herz und Hirn unterwegs sein. Er führt den Wanderfreund zu den reizvollsten Wandergebieten Oberösterreichs und zeigt ihre landschaftlichen, naturkundlichen und historischen Besonderheiten. Das bedeutet für den „Genusswanderer" unvergessliche Erlebnisse auf den Routen und bei der anschließenden Rast bei gemütlichen Gesprächen mit den Wirtsleuten und bei regionalen Speisen und Getränken.

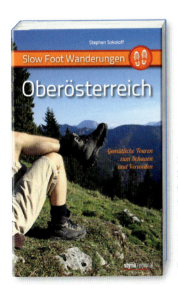

Stephen Sokoloff
SLOW FOOT WANDERUNGEN OBERÖSTERREICH
Gemütliche Touren zum Schauen und Verweilen

208 Seiten, 13,5 x 21,5 cm
Franz. Broschur
€ 19,99 · ISBN: 978-3-7012-0147-1

styria regional

ISBN 978-3-7012-0169-3

styriabooks

© 2014 by Styria regional
in der Verlagsgruppe Styria GmbH & Co KG
Wien · Graz · Klagenfurt
Alle Rechte vorbehalten

Bücher aus der Verlagsgruppe Styria
gibt es in jeder Buchhandlung und im
Online-Shop
styriabooks.at

LEKTORAT: Marion Mauthe
UMSCHLAG- UND BUCHGESTALTUNG: Maria Schuster
COVERFOTOS: Ruine Schaunberg/Michael Maritsch (vorne),
Bergfried der Burg Clam/Toni Anzenberger (hinten)
REPRODUKTION: Pixelstorm, Wien

DRUCK UND BINDUNG:
Druckerei Theiss GmbH
St. Stefan im Lavanttal
7 6 5 4 3 2 1
Printed in Austria